Platon
Phaidros

Serie Piper
Band 952

*Zu diesem Buch*

Vor der Stadt Athen an einer lieblichen Quelle im Schatten einer Platane treffen Sokrates und Phaidros zusammen. Im gemeinsamen Gespräch suchen sie das Wesen der Seele zu ergründen, um den wahren Eros und die Kunst der Rede zu bestimmen. Der göttliche Wahnsinn, die Ekstase sind es, die die Erkenntnis vollkommener Schönheit eröffnen.

»Lieber Pan und all ihr anderen Götter hier, verleiht mir, schön zu sein im Innern und daß alles, was ich von außen habe, meinem Innern befreundet sei!« Mit diesem Gebet, in das Phaidros einstimmt, beschließt Sokrates den Dialog.

*Platon,* 427–347 v. Chr., griechischer Philosoph. Bürger von Athen, aus adeligem Geschlecht stammend, war entscheidend geprägt von seinem Lehrer Sokrates. Nach dessen Tod, 399, begab er sich auf Reisen, zu Euklid nach Megara, nach Unteritalien und Sizilien, möglicherweise auch nach Ägypten. In Syrakus scheiterten seine Hoffnungen, hier sein Staatsideal zu verwirklichen: Dionysios I. soll Platon als Gefangenen dem spartanischen Gesandten ausgeliefert haben, der ihn als Sklaven verkaufte. Freigekauft, gründete Platon nach seiner Rückkehr nach Athen bald nach 387 die Akademie.

Die Philosophie Platons führt das fragende Gespräch des Sokrates zur dialektischen Erkenntnis des Guten und der Tugend, zu den Ideen. Insgesamt bildete die Philosophie Platons die Grundlage des metaphysischen und ethischen Idealismus, der in der Platonischen Akademie weiterentwickelt wurde und das philosophische Denken des Mittelalters und der Neuzeit entscheidend beeinflußte.

Platon

# Phaidros

oder

Vom Schönen

Übertragen und erläutert von
Arthur Hübscher

Piper
München Zürich

Von Platon liegen
in der Serie Piper außerdem vor:
Das Gastmahl (672)
Phaidon (805)

ISBN 3-492-10952-7
Neuausgabe 1989
2. Auflage, 11.–15. Tausend März 1989
(1. Auflage, 1.–5. Tausend dieser Ausgabe)

Umschlag: Federico Luci,
unter Verwendung eines Mosaiks aus Pompeji, das Platon
im Kreis seiner Schüler im Hain von Academus zeigt.
Gesamtherstellung: Clausen & Bosse, Leck
Printed in Germany

# ZUR EINFÜHRUNG

*Ein seltsames Gespräch. Es hat zweieinhalb Jahrtausende beschäftigt, und noch heute, scheint es, sind wir über seinen eigentlichen Sinn im Ungewissen.*

*Der junge Athener Phaidros kommt aus der Redeschule des Lysias. Er trifft den Sokrates und liest ihm eine mitgebrachte Rede seines Meisters vor – eine Musterleistung der Schulrhetorik, frostig, leblos, leer. Sie verficht den paradoxen Satz, daß der nichtverliebte, nüchtern-verständige Verehrer dem verliebten, leidenschaftlich bewegten vorzuziehen sei. Sokrates unternimmt es, eine andere, bessere Rede über den gleichen Gegenstand zu halten. Er schildert Eros als unvernünftige Begierde, er zeigt seine Verderblichkeit für den Geliebten, er übersteigert den Gedanken des Lysias und besiegt ihn mit seinen eigenen Mitteln. Aber mitten in der Rede bricht er ab, und, von der Mittagsstunde bezaubert, zur Begeisterung hingerissen, entwirft er in einem Widerruf ein völlig anderes Bild des Eros. Wir sind mit einemmal in einer höheren Welt. Gedanken des großen Liebesdialogs, des* Gastmahls, *werden aufgenommen, aber reicher ausgestaltet und in neuer fruchtbarer Anwendung. Der Liebende erhält den Vorzug vor dem Nichtverliebten: Die Liebe ist der Zustand einer segensreichen Entrückung, sie wird allem rhetorischen Gerede entwunden und erscheint in ihrem eigentlichen Wesen, als Führerin zu den Ideen.*

*Das Gleichnis von dem geflügelten Zweigespann der Seele hebt den* Phaidros *auf die Höhe der hohen Gleichnisreden, die unsterblich durch die Zeiten gehen. Das Gespann vereinigt unter der Führung des Wagenlenkers Geist zwei ungleiche Pferde, ein gutes und ein schlechtes, das eine folgsam, das andere wild und starrsinnig. Schwer ist die Fahrt in den überhimmlischen Raum, in dem die Seele einmal geweilt hat, im Anblick des wahrhaft*

*Seienden, des Schönen, des Guten, des Wahren an sich, der Welt der Ideen. Heute hat sie die Flügel verloren, sie ist aus dem göttlichen Bereich herabgestürzt. Immer aber, wenn sie auf Erden eines Abbildes der wahren Schönheit ansichtig wird, wachsen die Flügel und wollen sie emportragen. Die Erinnerung an die einstmals geschaute Schönheit wird lebendig, und in der Liebesgemeinschaft will die Seele wieder so selig werden, wie sie im Zustand ihres früheren Lebens war. Gelingt es dem edlen Seelentrieb, die böse Begierde zu überwinden, die den Liebenden beim Anblick der geliebten Gestalt fortzureißen sucht, so läßt die Eintracht der Seelen die beiden schon auf Erden ein lichtes Leben führen.*

*Noch einmal aber kehrt die Erörterung zur Erde zurück. Es ist, als sei von so hohen Dingen gar nicht die Rede gewesen. Alles was jetzt kommt, handelt von rhetorischer Technik, von der Ausbildung des Redners, vom Verhältnis des geschriebenen Wortes zum gesprochenen. Es scheint, daß ein alter Kampf, den Platon gegen die leere Beredsamkeit geführt hat (im* Gorgias*), wieder aufgenommen werden soll. Und doch kehren wir in einer veränderten Haltung in den Umkreis des Rhetorischen zurück. Eros als Seelenführer bestimmt auch diese letzten, anscheinend nüchternen Teile des Gesprächs. Die Formen der Rede werden auf Formen des seelischen Verhaltens zurückgeführt, eine neue Seelenlehre tritt die Herrschaft an – Platon hat sie eben erst im* Staat *entwikkelt. Rhetorik wird als Seelenführung gedeutet, als unmittelbare, lebendige Einwirkung von Mensch zu Mensch.*

*Und nun, am Ende – kann noch ein Zweifel sein, um was es eigentlich gegangen ist? Ist die Beredsamkeit das Thema des* Phaidros, *und sind die Liebesreden nur Musterbeispiele, um den rechten oder falschen Aufbau einer Rede zu erklären? Oder ist die Liebe Sinn und Ziel in allem und die Rhetorik nur der Hintergrund, vor dem der eigentliche Gegenstand in hellerem Licht erscheinen kann?*

*Man hat sich, merkwürdig genug, für die Beredsamkeit entschieden. Noch in letzter Zeit hat man den Gedanken der Paideia* beigezogen, der Menschenformung, die alle großen Bildungssysteme zur Zeit Platons bestimmt und auch Platons Lehre selbst, vom Staat bis zu den Gesetzen. In diesem Denkzug mochten Art und Form der Phaidros-Reden ihren Rang erhalten. Aber etwas wehrt sich in uns dagegen, daß das Große in den Schatten des Geringen treten soll, die Sicht des Ewigen in den Dienst der Form. Man überschaut den Dialog als Ganzes – trägt nicht, was immer wieder Mittel schien, am Ende als der tiefere Sinn des Ganzen den stärksten Glanz? Einen Glanz, der alles andere überstrahlt, das bisher und wohl am Ende noch der Hauptzweck schien?

Im Phaidros sagt Platon sein letztes Wort über die Liebe. Er zeigt alle Merkmale, alle Wege und Stufen der Liebesleidenschaft, die leiblichen und auch die geistigen, aber auch die Heilung; denn im Träger der Schönheit hat die Seele den Arzt ihrer größten Leiden gefunden, in ihm hat sie die Idee erkannt, den Abglanz des Ewigen. Eros wird die Macht, die schützend und hilfreich das Leben der Seele begleitet und geleitet. Es gilt die Seele zu schützen vor der gemeinen Liebe, es gilt sie schließlich auch zu schützen vor den Einflüssen einer seichten Beredsamkeit. Und es gilt sie durch die wahre Seelenführung nicht nur zur wahren Beredsamkeit zu heben; sie soll, der Dialektik mächtig und sicher ihres unsterblichen Wesens, die Beseligung der wahren Liebe finden, in der Schau des Seienden.

Man denkt zurück: Noch im Phaidon ist die Seele als Eines gedacht, dann im Staat gleicht sie einem Fabeltier, das aus einem vielköpfigen Ungetüm, der Begierde, einem Löwen, dem Mut, und einem Menschen, der Vernunft, gebildet ist. Und diese Dreiteilung geht in den Phaidros über, in das Gleichnis vom Seelenwagen. Das triebartige Begehren, die Willenskraft und die Vernunft: drei Grundvermögen der Seele, die Platon nun in seine Alterswerke mitnimmt. Im Theaitet werden ihnen bestimmte Stufen der Erkenntnis zugeordnet, im Timaios erfahren sie schließlich noch eine physiologische Begründung. Dem begehrlichen Seelenteil wird der Raum zwischen Nabel und Zwerchfell als Sitz zugewiesen, dem Mut das Herz, der Einsicht das Gehirn.

*Wir fühlen den Zusammenhang mit den drei Lebensformen der Antike: dem Leben des Genusses, des Handelns (der vita activa) und der Betrachtung (der vita contemplativa). Aber noch bis in die Neuzeit wirkt die Dreiteilung Platons in der Dreiteilung der Seelenäußerung in Fühlen, Wollen, Denken nach.*

*Im letzten freilich bleibt die Seele unbestimmbar. Man kann ihr eigentliches Wesen nur im Mythos fassen, und der Mythos ist immer ungewiß und zu erschüttern. »Ich möchte so ganz nicht dafür einstehen«, heißt es im* Menon, *»Es ist so oder ähnlich«, im* Phaidon. *Und im* Phaidros: *Wie das Wesen der Seele beschaffen sei, »diese Frage würde eine durchaus göttliche und breite Darlegung erfordern« – das Bild des Seelenwagens kann nur als Vergleich bestehen, im menschlichen Bereich. Aber der Mythos ist nun kühner und leuchtender als je bei Platon. Er wird nicht mehr in die Verlängerung des Erdendaseins gelegt, als Gericht mit Lohn und Strafe, wie im* Gorgias, *er hat sich nicht mehr vom Menschlichen fortleitend in die Umschreibung der irdischen und kosmischen Geheimnisse geweitet, wie im* Phaidon *und im* Staat *– er nimmt den Standort gleich im Kosmos, und innerhalb des Weltenschicksals, klein im Großen, erscheint das Schicksal der menschlichen Seele. Sie empfängt ihre Ordnung, wenn sie an der Weltgestaltung und Weltbewegung teilgenommen und gleichsam als Stern im Reigen der Sterne den ganzen Umkreis der Welt, der »verwandten Natur« ausgemessen hat. Ihr Wissen in diesem Leben ist Erinnerung an das höhere Leben, und dieses Leben hier im Kreislauf der Geburten wieder die Übung für ein höheres Sein, im Jenseits. Das Reich des wahrhaft Seienden steht als die gültigere Lebenswelt der menschlichen voran. Der Wille zu bildlicher Vorstellung sucht es »oben«, in der höchsten Höhe, in einer Sphäre, in der Götter- und Ideenwelt in eins gehen – eine Zusammenschau, die sich durch die Jahrhunderte behauptet hat. Noch Schillers Gedicht »Das Reich der Formen«, das später den Namen »Das Ideal und das Leben« erhalten hat, führt in den Olymp, wo die »hohen Uraniden« ihr »ewig klares spiegelreines Leben« führen, in »die heiteren Regionen, wo die reinen Formen wohnen«:*

Aber frei von jeder Zeitgewalt,
Die Gespielin seliger Naturen,
Wandelt oben in des Lichtes Fluren,
Göttlich unter Göttern die Gestalt.
Wollt ihr hoch auf ihren Flügeln schweben,
Werft die Angst des Irdischen von euch!
Fliehet aus dem engen dumpfen Leben
In des Ideales Reich!

*Man hat (in der Nachfolge Schleiermachers) den* Phaidros *als eine frühe Arbeit Platons angesehen, manchmal als die erste, als eine Art Programmschrift seiner künftigen Wirksamkeit, manchmal auch als das eigentliche Antrittsprogramm für seine Lehrtätigkeit in der Akademie. Auf die Zeitgenossen und auf die unmittelbaren Nachfahren hat der Dialog wirklich die Wirkung eines Programms geübt. Mit wechselndem Erfolg ist der Kampf um die Verbindung zwischen Rhetorik und Philosophie durch die Jahrhunderte gegangen. Die Synthese des* Phaidros *wird von Anfang an in den antiken Philosophenschulen aufgenommen, später auch von der Rhetorik. Sie bestimmt Ciceros Buch vom Redner, und durch Cicero wirkt sie fort auf Quintilian. Noch lange überdeckt das Zeitgebundene des Dialogs seine zeitlose Geltung.*

*Heute gilt der* Phaidros *als ein Werk der Reifezeit des Philosophen. Es gibt Stimmen, die ihn für eines seiner spätesten Werke erklären – der* Phaidros *rückt in den Zusammenhang der letzten, tiefsten Vermächtnisse, die uns Platon hinterlassen hat.*

*Gibt es noch ein letztes, persönliches Geheimnis in dieser Schrift? Der junge Phaidros wird als Gefährte des Sokrates gezeigt. Aber Sokrates ist Platon selbst und sein Gespräch ein Gespräch Platons, der hier wie immer statt seiner den verehrten Meister reden läßt. Und von Phaidros wissen wir, daß er der Gefährte Platons war. Wir kennen eine Elegie Platons, die in dunkler Anspielung um den seelischen Verlust des Phaidros klagt. Ist sie müder Nachklang des Zwiegesprächs unter der Platane am*

*Ilissos, Abkehr und Verzicht? Oder ist der* Phaidros *Erhebung des vergänglichen und schon vergangenen Gefühls ins zeitlose Gesetz? Wir wissen es nicht.*

# 1

*Sokrates:* Mein lieber Phaidros – wohin denn und woher?

*Phaidros:* Vom Lysias, Sokrates, dem Sohn des Kephalos, und ich gehe vor die Stadt hinaus; ich habe lange Zeit bei ihm gesessen, von früh an. Und gleich deinem und meinem Freunde Akumenos pflege ich draußen auf den Straßen umherzugehen; hier nämlich, sagt er, sei es weniger ermüdend als in den Hallen.

*Sokrates:* Ganz recht hat er damit, lieber Freund. Also Lysias war, so scheint es, in der Stadt?

*Phaidros:* Ja, beim Epikrates, hier im Hause des Morychos, neben dem Olympion.

*Sokrates:* Was habt ihr denn dort getrieben? Oder, versteht sich, Lysias hat euch von seinen Reden aufgetischt?

*Phaidros:* Du sollst es erfahren, wenn du Zeit hast mitzugehen und zuzuhören.

*Sokrates:* Wie denn? Glaubst du nicht, daß es, mit Pindar zu reden, »auch dringendem Geschäfte mir vorangehn soll«, deine und des Lysias Unterhaltung anzuhören?

*Phaidros:* So geh denn weiter.

*Sokrates:* Und du rede.

*Phaidros:* Gewiß, Sokrates, es steht dir an zu hören. Denn die Rede, mit der wir uns die Zeit vertrieben, war eine Liebesrede, ich weiß nicht wie. Nämlich Lysias hat sie geschrieben, als ob ein schöner Knabe gewonnen werden sollte, aber nicht von einem Liebenden. Doch dies ist eben die Feinheit daran: Er behauptet, man müsse eher einem Nichtliebenden gefällig sein als einem Liebenden.

*Sokrates:* Der treffliche Mann! Hätte er doch geschrieben: eher einem Armen als einem Reichen, einem Alten als einem

Jungen, und was sonst bei mir und den meisten von uns zutrifft. Ja, das wären einmal artige und gemeinnützige Reden. Ich meinesteils bin so begierig zu hören, daß ich nicht mehr von dir weichen würde, auch wenn du bis Megara gingest und nach dem Rate des Herodikos hart an der Mauer wieder umkehrtest.

*Phaidros:* Wie meinst du das, bester Sokrates? Glaubst du, was Lysias, der größte Meister im Schreiben unter allen jetzt Lebenden, in langer Zeit mit Muße ausgearbeitet hat, das sollte ich Ungelehrter seiner würdig nur aus dem Gedächtnis wiederholen können? Daran fehlt viel, wiewohl ich's lieber wollte als viel Gold.

## 2

*Sokrates:* Lieber Phaidros, wenn ich den Phaidros nicht kenne, muß ich ja mich selbst vergessen haben. Aber keins von beidem ist der Fall. Ich weiß sehr gut: Phaidros und eine Rede des Lysias hören – das heißt, er hat sie nicht nur einmal angehört, sondern sie öfter und wiederholt sich sagen lassen, und Lysias gehorchte ihm recht gern. Ihm aber ist auch das nicht genug gewesen, sondern zu guter Letzt hat er das Buch genommen und, was ihm am besten gefiel, selbst nachgelesen. Und darüber ist er vom frühen Morgen an gesessen, und endlich hat er sich ermüdet auf den Weg gemacht. Doch beim Hunde! ich glaube, er wußte die Rede, wenn sie nicht allzu lang war, schon völlig auswendig. Und zur Stadt hinaus ging er, um sie recht einzuüben. Und dann traf er den Mann, der krank ist an der Sucht, Reden anzuhören, und als er ihn sah, freute er sich schon, daß er einen Gefährten für seine Begeisterung haben würde, und hieß ihn mitgehen. Wie nun der Redenfreund ihn bat, ihm die Rede mitzuteilen, da spielte er den Spröden, wie wenn er keine Lust hätte; am Ende aber würde er, wenn man nicht gutwillig zuhören wollte, noch Gewalt gebrauchen, um die Rede vortragen zu können. Du also, Phaidros, bitte ihn, was er doch jedenfalls in Bälde tun würde, lieber gleich zu tun.

*Phaidros:* Wahrhaftig, da ist es wohl das allerbeste, dir die Rede mitzuteilen, so gut ich eben kann. Denn du wirst mich unter keinen Umständen in Ruhe lassen wollen, bis ich irgendwie rede.

*Sokrates:* Ganz recht glaubst du das von mir.

## 3

*Phaidros:* So will ich also den Versuch machen. Denn wirklich, Sokrates, die Worte habe ich keineswegs auswendig gelernt, den Inhalt aber von fast allem, womit er den Unterschied zwischen der Sache des Liebenden und der des Nichtliebenden auseinandergesetzt hat, will ich dir kurz und bündig nach der Ordnung von Anfang an wiederholen.

*Sokrates:* Ja, mein Lieber, aber erst wenn du vorher sehen läßt, was du in der linken Hand hast, unterm Mantel. Ich vermute nämlich, es ist die Rede selbst. Und wenn's so ist, dann mußt du denken, daß ich dich zwar sehr liebe, wenn aber Lysias zugegen ist, keineswegs gesonnen bin, mich dir zum Einüben herzugeben. Komm also und zeig her!

*Phaidros:* Nur ruhig! Du hast mir die Hoffnung genommen, mich an dir versuchen zu dürfen. Aber wo sollen wir uns hinsetzen und lesen?

*Sokrates:* Hier laß uns abbiegen und am Ilissos entlang gehen und ann, wo es uns gefällt, uns ruhig niedersetzen.

*Phaidros:* Zum Glück, wie es scheint, bin ich grade ohne Schuhe; du bist es ja allezeit. So ist es am bequemsten, im Wässerchen zu gehen und die Füße zu netzen – und das ist nicht unangenehm, zumal bei dieser Jahres- und Tageszeit.

*Sokrates:* So geh voran und sieh dich um, wo wir uns hinsetzen können.

*Phaidros:* Siehst du die ganz hohe Platane dort?

*Sokrates:* Was ist's damit?

*Phaidros:* Dort ist Schatten und mäßiger Luftzug und auch

Rasen, wo wir sitzen oder, wenn wir wollen, uns niederlegen können.

*Sokrates:* So geh nur zu!

*Phaidros:* Sag mir, Sokrates, heißt es nicht, daß hier am Ilissos irgendwo Boreas die Oreithyia geraubt hat?

*Sokrates:* So heißt es.

*Phaidros:* Etwa grade hier? Angenehm und rein und durchsichtig ist hier das Wässerchen, ein rechter Spielplatz für Mädchen.

*Sokrates:* Nein, sondern ungefähr zwei oder drei Stadien weiter unten, wo man durchgeht nach dem Tempel der Agra. Dort ist auch irgendwo ein Altar des Boreas.

*Phaidros:* Ich wußte es nicht recht. Aber sage mir, beim Zeus, Sokrates, glaubst du, daß diese Geschichte wahr ist?

## 4

*Sokrates:* Nun, wenn ich's auch nicht glaubte, wie die gescheiten Leute, so wäre ich deshalb doch nicht verlegen. Ich würde dann so gescheit sein zu sagen, der Wind Boreas habe sie, als sie mit der Pharmakeia spielte, von den Felsen dort in der Nähe herabgeworfen, und dieser Todesart wegen habe man gesagt, sie sei vom Gotte Boreas geraubt worden. Ich aber, Phaidros, finde dergleichen wohl ganz hübsch, nur meine ich, daß ein recht gewandter und unverdrossener Mann dazu gehört, der nicht eben zu beneiden ist, und zwar aus keinem andern Grunde, als weil er notwendig auch die Kentauren ins Gerade bringen muß und wieder die Chimaira, und dann strömt ihm ein ganzer Haufen von Gorgonen und Pegasen herbei und anderer unendlicher vieler und unbegreiflicher Wunderwesen, und wer nicht daran glaubt und jedes einzelne auf das Wahrscheinliche zurückführen will, der wird mit einer wirklich derben Weisheit viel Zeit verlieren. Ich aber habe dazu ganz und gar keine Muße, und die Ursache davon, mein Lieber, ist die: Ich bin noch immer nicht so weit, mich, nach dem delphischen Spruche, selbst zu erkennen. Lächerlich erscheint es mir, solange ich hierin unwissend bin, an andere Dinge zu denken. Daher lasse ich alles gut sein; ich nehme an, was darüber allgemein geglaubt wird, und denke, wie ich eben sagte, nicht an diese Dinge, sondern an mich selbst, ob ich wohl auch ein Ungeheuer bin, noch verschlungener gebildet und mehr Feuer speiend als Typhon, oder ein milderes und schlichteres Wesen, das sich eines göttlichen und edlen Loses von Natur erfreut.

Doch, Freund, ein Wort dazwischen, war dies nicht der Baum, zu dem du uns führen wolltest?

*Phaidros:* Ja, eben dieser.

## 5

*Sokrates:* Bei der Hera! Das ist ein schöner Ruheplatz. Die Platane breitet ihre Äste weithin aus, sie ist hoch, und das hohe schattige Gesträuch ist wunderschön und steht in voller Blüte und erfüllt den ganzen Ort mit Wohlgeruch. Und auch die Quelle fließt höchst lieblich unter der Platane mit kühlem Wasser, wie man an den Füßen fühlt. Ein paar Nymphen und der Acheloos scheinen hier ein Heiligtum zu haben – nach den Statuen und Bildern zu urteilen. Und wenn du das gern hast, auch die Luft weht hier angenehm und süß, sie säuselt sommerlich und lieblich zu dem Chor der Zikaden. Das Allerschönste aber ist das Gras am sanften Abhang, man kann sich hinlegen und das Haupt gemächlich ruhen lassen. Du bist ein guter Fremdenführer, lieber Phaidros.

*Phaidros:* Du aber, wunderbarer Mann, zeigst dich ganz seltsam. Du gleichst ja wirklich, wie du eben sagst, einem Fremden, der sich umherführen läßt, und nicht einem Einheimischen. So selten gehst du aus der Stadt über die Grenze, ja nicht einmal zum Tore scheinst du mir herauszugehen.

*Sokrates:* Verzeih, mein Bester. Ich bin eben lernbegierig, und

Felder und Bäume wollen mich nichts lehren, wohl aber die Menschen in der Stadt. Du indes, dünkt mich, hast das rechte Mittel gefunden, mich herauszulocken. Denn wie man hungrigem Vieh Laub oder Kornfutter vorhält und es dadurch vorwärtsbringt, so könntest du gewiß, wenn du mir solche Rollen mit Reden vorzeigtest, mich durch ganz Attika herumführen und wohin du sonst wolltest. Nun wir aber an Ort und Stelle angekommen sind, möchte ich mich hinlegen; du aber nimm die Stellung ein, in der du am bequemsten lesen kannst, und lies.

*Phaidros:* So höre denn.

## 6

»Über meine Angelegenheiten bist du nun unterrichtet, und daß es meiner Meinung nach uns zuträglich sein wird, wenn dies geschieht, hast du gehört. Ich möchte aber nicht etwa deshalb eine Fehlbitte tun, weil ich nicht zu deinen Liebhabern gehöre. Denn eben diese bereuen ja gewöhnlich, was sie Gutes getan, sobald ihre Begierde befriedigt ist; die andern aber kommt es zu keiner Stunde an, sich anders zu bedenken. Denn nicht notgedrungen, sondern freiwillig, so wie jeder sich am besten über das Seinige beraten mag, tun sie nach Kräften Gutes. Ferner erwägen die Verliebten, was sie der Liebe wegen in ihren eigenen Dingen schlecht bestellt und was sie Gutes getan haben. Und wenn sie dann die Mühe, die sie gehabt, hinzurechnen, so glauben sie, dem Geliebten längst den verdienten Dank gezollt zu haben. Die Nichtliebenden aber können weder die Vernachlässigung ihrer Angelegenheiten zum Vorwand nehmen, noch die überstandenen Mühen in Anschlag bringen, noch die Zwietracht mit den Verwandten vorschützen. So vieler Übel überhoben können sie nicht anders, als bereitwillig alles tun, wodurch sie glauben, ihnen gefällig zu sein. Ferner, wenn die Liebenden deshalb Hochschätzung verdienen sollen, weil sie behaupten, ihren Geliebten am meisten ergeben zu sein, und weil sie immer bereit sind, durch Wort und Werk den andern sich verhaßt zu machen und nur ihnen gefällig zu sein, so ist, ob sie die Wahrheit sagen, leicht daraus abzunehmen, daß sie jene, die sie später lieben werden, noch höher achten müssen, und es ist offenbar, daß sie, wenn es diesen gutdünkt, auch den früher Geliebten Übles zufügen werden. Indessen, wie sollte es wohl billig sein, so Großes einem Menschen einzuräumen, der einem solchen Unheil verfallen ist, dem kein Kundiger Abhilfe schaffen würden? Denn wie sie selbst bekennen, sind sie eher krank als gesunden Sinnes, sie wissen auch, wie schlecht sie bei Verstande sind, und sind doch nicht imstande, sich zu beherrschen. Wie also könnten sie, wenn sie wieder bei Verstande sind, das gutheißen, was sie in solchem Zustande gewollt haben? Überdies, wenn du aus den Verliebten dir den besten auswähltest, hättest du immer nur unter wenigen die Wahl, wenn aber aus den übrigen den für dich Tauglichsten, dann unter vielen. Daher die Hoffnung weit größer ist, unter den vielen den zu finden, der deiner Freundschaft wert ist.

## 7

Fürchtest du aber etwa die öffentliche Meinung, es möchte, wenn die Leute es erfahren, dir zum Schimpf gereichen, so ist es wahrscheinlich, daß die Verliebten, die bei den anderen dem gleichen Neide zu begegnen glauben wie unter sich, davon zu sprechen suchen und eine Ehre darin sehen, vor jedermann zu zeigen, daß sie nicht vergeblich bemüht gewesen sind. Die Nichtverliebten aber, die sich selbst beherrschen, werden wohl das Bessere dem Ruhme bei der Mitwelt vorziehen. Viele übrigens müssen sehen und erfahren, wie die Verliebten dem Geliebten nachgehen und sich hieraus ein Geschäft machen, so daß man, wo man sie miteinander sprechen sieht, auch glaubt, sie kämen eben von der Befriedigung der Begierde oder gingen ihr entgegen. Den Nichtverliebten aber ihres Umgangs wegen einen Vorwurf zu machen, das kommt niemand in den Sinn, weil jeder es in Ordnung findet, daß man sich unterrede, aus Zuneigung oder eines anderen Vergnügens halber. Ja, und wenn dich etwa Furcht anwandelt bei dem Gedanken, wie schwer es hält, daß eine Freundschaft von Dauer sei und daß Uneinigkeit in andern Fällen beiden gemeinsam zum Unglück ausschlage, hier aber, wenn du das Höchste gewährt hättest, dir großer Nachteil erwachsen könne, so hast du billig die Verliebten mehr zu fürchten. Denn vieles gibt es, was sie betrübt, und alles, glauben sie, geschieht zu ihrem Nachteil. Daher sie auch den Umgang der Geliebten mit anderen zu verhindern suchen, in der Furcht, Vermögende möchten sie an Reichtum übertreffen, Gebildete aber ihnen an Einsicht überlegen sein, und wo jemand sonst ein Gut besitzt, dessen Einfluß suchen sie jedesmal zu begegnen. Überreden sie dich nun, dich mit allen diesen zu verfeinden, so machen sie dich einsam, ohne Freunde; wenn du aber auf dich selbst bedacht bist und es besser mit dir meinst als sie, so kommst du in Uneinigkeit mit ihnen. Die aber nicht als Liebende, sondern durch ihre Tüchtigkeit erlangt haben, was sie wünschten, werden deinen Umgang ohne Neid betrachten, sie werden eher die hassen, die ihn meiden, in der Meinung, von ihnen nur Geringschätzung, von jenen aber Nutzen zu haben. Daher die Hoffnung viel größer ist, ihnen werde aus dieser Bindung eher Freundschaft erwachsen als Feindschaft.

## 8

Auch pflegen ja von den Verliebten viele zuvor nach dem sinnlichen Genuß zu verlangen, ehe sie die Sinnesart des andern kennengelernt und seine übrigen Verhältnisse erkundet haben, so daß es ungewiß ist, ob sie auch dann noch Freunde sein wollen, wenn ihr Verlangen befriedigt ist. Von den Nichtverliebten aber, die ihr Verlangen erst befriedigt haben, wenn sie schon lange Freunde gewesen sind, ist anzunehmen, daß eben das Gute, das ihnen widerfahren ist, der Freundschaft keinen Abbruch tun, sondern daß es ihnen ein Erinnerungspfand für die Zukunft bleiben werde.

Ja, es steht dir auch bevor, besser zu werden, wenn du lieber mir als einem Liebenden Gehör schenkst. Denn jene loben, was du sprichst und tust, auch wenn es nicht das Beste ist, zum Teil aus Furcht, sich mit dir zu verfeinden, zum Teil auch, weil die Begierde sie zu schlechterer Einsicht führt. Denn dergleichen hat die Liebe im Gefolge: sie läßt die Unglücklichen auch das, was anderen kein Leid bereitet, für unerträglich halten, die Glücklichen aber nötigt sie, auch an das, was keiner Freude wert ist, ihr Lob zu vergeuden. So daß man die Geliebten weit mehr bedauern als beneiden sollte. Wenn du aber mir Gehör gibst, so will ich vorerst in meinem Umgang nicht nur für das augenblickliche Vergnügen sorgen, sondern auch für den künftigen Nutzen, wobei ich nicht von der Liebe überwältigt, sondern Herr bin meiner selbst, auch nicht um Geringes schweren Groll fasse, sondern selbst um Großes nur langsam in geringen Zorn gerate und das Unvorsätzliche verzeihe, das Vorsätzliche dagegen abzuwenden suche. Denn dies sind die Zeichen einer Freundschaft, die lange dauern wird. Wofern dir aber der Gedanke kommt, eine feste Freundschaft sei nicht möglich, wo man nicht leidenschaftlich liebt, so mußt du bedenken, daß wir dann weder unsere Kinder noch Vater und Mutter hochschätzen, noch auch treue Freunde haben könnten, die es nicht aus einer Begierde dieser Art, sondern aus irgendeinem anderen Antriebe geworden sind.

## 9

Wenn man ferner den der Liebe Bedürftigen am meisten gefällig sein soll, so müßte man auch sonst nicht den Besten, sondern den Mittellosesten Gutes tun; denn, von der größten Not befreit, werden sie den meisten Dank wissen. Ja, auch zu den häuslichen Gastereien müßte man nicht seine Freunde laden, sondern die um Almosen bitten und der Sättigung bedürfen. Denn diese werden dem Geber zugetan sein und ihm Anhänglichkeit beweisen und an seine Türe kommen und sich am meisten freuen und ihm nicht geringen Dank wissen und ihm vieles Gute wünschen. Aber gewiß ist es in der Ordnung, nicht den Bedürftigsten sich gefällig zu erweisen, sondern denen, die am besten ihren Dank bezeugen können, auch nicht denen, die nur verliebt, sondern denen, die der Sache wert sind, und nicht jenen, die nur deine Jugend genießen möchten, sondern denen, die dir, auch wenn du älter wirst, von ihren Gütern mitteilen werden; nicht denen, die sich nach Erfüllung ihrer Wünsche vor den andern brüsten, sondern denen, die verschämt gegen jedermann schweigen werden; nicht denen, die sich nur kurze Zeit um dich bemühen, sondern die das ganze Leben lang in gleichem Maße deine Freunde sein werden; nicht denen, die nach gestillter Lust nur Vorwand zur Feindschaft suchen, sondern die ihre Trefflichkeit beweisen werden, wenn deine Jugendzeit vorüber ist. Du also gedenke des Gesagten und erwäge auch noch dies, daß die Verliebten von ihren Freunden getadelt werden, weil ihr Lebenswandel schlecht ist, daß den Nichtverliebten aber noch keiner ihrer Angehörigen den Vorwurf gemacht hat, sie seien deshalb schlecht beraten.

Vielleicht nun möchtest du mich fragen, ob ich dir rate, allen Nichtverliebten dich gefällig zu erweisen. Ich aber denke, auch ein Verliebter wird dich nicht heißen, gegen alle Verliebten diese Gesinnung zu hegen. Denn das würde weder dem, der Gunst empfängt, gleichen Dankes wert sein, noch würde dir, wenn du vor anderen verborgen bleiben willst, dies ebensoleicht möglich sein. Es soll aber kein Schaden, sondern Vorteil für beide daraus kommen. Ich nun halte das Gesagte für hinreichend, wenn du aber noch etwas vermißt, was du übergangen glaubst, so frage.«

## 10

Nun, Sokrates, was meinst du zu der Rede? Ist sie nicht wunderschön gearbeitet sowohl im übrigen als besonders auch im Ausdruck?

*Sokrates:* Ganz göttlich, allerdings, mein Freund, so daß ich außer mir geraten bin. Und das hast du mir angetan, Phaidros, als ich dich ansah und du mir beim Vorlesen zu strahlen schienst, vor Freude über die Rede. In der Meinung nämlich, daß du mehr als ich verstehst von diesen Dingen, folgte ich dir, und während ich dir folgte, geriet ich in Verzückung mit dir, göttliches Haupt!

*Phaidros:* Schön, so meinst du also scherzen zu müssen?

*Sokrates:* Denkst du, ich scherze und meine es nicht ernsthaft?

*Phaidros:* Keineswegs, Sokrates. Aber sage mir wahr und wahrhaftig beim Zeus der Freundschaft, glaubst du, daß irgend ein anderer der Hellenen etwas anderes, Größeres und mehr als dies über denselben Gegenstand zu sagen wüßte?

*Sokrates:* Wie denn? Auch in dieser Hinsicht soll die Rede von mir und dir gelobt werden, daß der Verfasser das Nötige gesagt habe, und nicht nur in der Hinsicht, daß alle Ausdrücke deutlich und gerundet und genau abgedrechselt sind? Wenn es sein soll, so will ich's, dir zu Gefallen, zugeben. Denn mir ist es bei meiner Unfähigkeit entgangen. Ich habe nämlich nur auf das Rednerische achtgegeben, und dieses, dachte ich, würde Lysias selbst nicht für hinreichend halten. Ja, es kam mir sogar vor, wenn du, Phaidros, nicht etwa anderer Meinung bist, er habe zwei- oder dreimal das gleiche gesagt, als fiele es ihm eben gar nicht leicht, vieles zu sagen über denselben Gegenstand, oder als sei ihm vielleicht gar nichts daran gelegen. Und daher ist es mir vorgekommen, als ob er in jugendlichem Übermute hätte zeigen wollen, daß er imstande sei, dieselbe Sache jetzt so und dann wieder anders darzustellen und beidemal vortrefflich zu reden.

*Phaidros:* Damit, Sokrates, hast du unrecht. Denn eben dadurch zeichnet sich die Rede besonders aus. Von dem Erwähnenswerten nämlich, was in der Sache lag, hat er nichts übergangen, so daß wohl niemand etwas anderes, mehr und besser darüber sprechen kann.

*Sokrates:* Dies dir zu glauben, dazu werde ich nicht mehr imstande sein. Denn weise Männer und Frauen aus alter Zeit, die darüber geredet und geschrieben haben, werden mich widerlegen, wenn ich's, dir zu Gefallen, einräume.

*Phaidros:* Wer sind diese, und wo hast du Besseres als dies gehört?

## 11

*Sokrates:* Jetzt, so im Anblick, kann ich's nicht sagen; aber sicher – ich habe es von einigen gehört, entweder von der schönen Sappho oder von dem weisen Anakreon oder auch von einigen Proschriftstellern. Woraus ich das nun schließe? Das Herz, mein Teurer, ist mir voll, ich fühle, daß ich anderes zu sagen wüßte als jener und nichts Schlechteres. Ich selbst nun habe nichts davon ersonnen, das weiß ich gewiß, denn ich bin mir meiner Unwissenheit bewußt. So bleibt denn, denke ich, nur übrig, daß ich aus fremden Quellen irgendwie durch Zuhören voll geworden bin wie ein Gefäß; aus Trägheit aber habe ich auch das wieder vergessen, wie und von wem ich es gehört habe.

*Phaidros:* Das war vortrefflich gesprochen, du prächtiger Mann. Du sollst mir also gar nicht sagen, von wem und wie du es gehört, auch wenn ich es verlange. Tu nur, was du sagst; versuche anderes, Besseres und nicht weniger zu sagen, als was in meinem Buche steht, ohne daß du es benutzest. Und ich verspreche dir dafür, wie die neun Archonten eine goldene Bildsäule in Lebensgröße für Delphi zu stiften, und nicht nur meine, sondern auch die deine.

*Sokrates:* Ein ganz lieber und wirklich goldener Mensch bist du, Phaidros, wenn du meinst, daß ich behaupte, Lysias habe gleich das Ganze verfehlt und es sei möglich, lauter andere Dinge als er zu sagen. Dies aber, denke ich, kann auch dem schlechtesten Schriftsteller nicht widerfahren. Worum es jetzt zum Beispiel geht: bei der Darlegung des Satzes, daß man dem Nichtverliebten eher als dem Verliebten gefällig sein müsse – wer, meinst du wohl, könnte es unterlassen, die Besonnenheit des einen zu loben und die Unbesonnenheit des anderen zu tadeln – Punkte, die ja doch notwendig sind –, und könnte dann noch irgend etwas anderes sagen? Ich glaube vielmehr, dergleichen muß man übersehen und dem Redner zugute halten; und in diesen Dingen ist auch nicht die Erfindung, sondern nur die Anordnung zu loben, in denen aber, die nicht notwendig gegeben und darum schwer zu finden sind, außer der Anordnung auch die Erfindung.

## 12

*Phaidros:* Ich gebe zu, was du da sagst; wie mir nämlich scheint, hast du vernünftig gesprochen. So will ich denn ebenso verfahren. Daß der Verliebte kränker sei als der Nichtverliebte, diese Annahme will ich dir gestatten. Aber in allem übrigen mußt du anderes, mehr und Besseres sagen als Lysias, und du sollst als Bildsäule in getriebener Arbeit neben dem Weihgeschenk der Kypseliden in Olympia stehen.

*Sokrates:* Du bist in Eifer geraten, Phaidros, weil ich deinen Liebling angriff, um dich zu necken, und meinst wohl, ich würde wirklich versuchen, seine Kunst mit etwas anderem und Zierlicherem zu überbieten.

*Phaidros:* Was das betrifft, mein Freund, so bist du in die gleiche Falle gegangen. Denn reden mußt du jetzt auf jeden Fall, so wie du eben kannst. Damit wir aber nicht den albernen Spaß der Komödie mitmachen und einander mit gleicher Münze bezahlen müssen, so sieh dich vor und nötige mich nicht erst, dir dies zu sagen: »Wenn ich, mein Sokrates, den Sokrates nicht kenne, muß ich auch mich selbst vergessen haben«, und »er hatte wohl Lust zu reden, spielte aber den Spröden«; sondern bedenke, daß wir nicht von hinnen gehen, als bis du ausgesprochen hast, wovon dir, wie du sagtest, das Herz voll ist. Wir beide sind hier allein und an einem einsamen Orte, und ich bin der Stärkere und Jüngere. Aus allen diesen Gründen nimm dir zu Herzen, was ich sage, und ziehe es ja nicht vor, gezwungen statt freiwillig zu reden.

*Sokrates:* Aber, mein guter Phaidros, ich werde mich lächerlich machen, wenn ich als Laie mich zur Seite eines so trefflichen Redners stelle und aus dem Stegreif über die gleichen Dinge spreche.

*Phaidros:* Weißt du, wie die Sache steht? Höre auf, dich vor mir zu zieren; sonst weiß ich etwas zu sagen, womit ich dich gleich zwingen kann zu reden.

*Sokrates:* So sag es also ja nicht!

*Phaidros:* Nein, ich sage es jetzt gerade, und meine Rede soll ein Schwur sein. Ich schwöre dir also – ja bei welchem Gotte denn, oder willst du bei der Platane da? Wahrlich, wenn du mir nicht angesichts dieser Platane die Rede hältst, will ich dir nie mehr eine andere Rede von irgend jemand zeigen oder mitteilen.

## 13

*Sokrates:* Ei, du Böser! Wie schlau hast du das Mittel ausfindig gemacht, einen redeliebenden Mann zu zwingen, das zu tun, was du willst.

*Phaidros:* Was hast du denn eigentlich, daß du dich noch sträubst?

*Sokrates:* Oh, gar nichts mehr, seit du diesen Schwur getan hast. Denn ich könnte ich wohl einer solchen Lockspeise widerstehen?

*Phaidros:* Rede also.

*Sokrates:* Weißt du wohl, wie ich es machen will?

*Phaidros:* Wobei denn?

*Sokrates:* Verhüllt will ich sprechen, damit ich so schnell wie möglich mit der Rede fertig werde und nicht etwa, wenn ich dich ansehe, vor Scham ins Stocken komme.

*Phaidros:* Sprich nur, im übrigen mach's wie du willst.

*Sokrates:* Wohlan denn, ihr Musen, mögt ihr von des Gesanges Weise die silberstimmigen heißen oder nach dem tonreichen Geschlecht der Ligyer diesen Namen führen, greift mit mir an das Werk der Rede, die dieser Treffliche mich zu halten zwingt, damit sein Freund, der ihm schon immer weise schien, ihm nun noch weiser scheine.

Es war also einmal ein Knabe oder vielmehr ein junger Mensch, der war gar schön und hatte sehr viele Liebhaber. Einer von diesen aber war ein schlauer Kopf, er hatte dem Knaben, in den er so gut wie irgendeiner verliebt war, dennoch eingeredet, er liebe ihn nicht. Und einmal drang er auch in ihn und suchte ihn zu überzeugen, man müsse dem Nichtverliebten vor dem Verliebten gefällig sein. Er aber sprach so:

## 14

Bei allem, mein Sohn, gibt es nur einen Anfang für jene, die sich richtig beraten wollen: Sie müssen wissen, worüber sie Rat pflegen, oder sie werden notwendig das Ganze verfehlen. Die meisten nun merken nicht, daß sie das Wesen der Dinge nicht kennen. In dem Wahne, es zu kennen, verständigen sie sich nicht zu Anfang der Untersuchung, und im Fortgang büßen sie dann nach Gebühr; sie sind dann nämlich weder mit sich selbst noch untereinander einig. Mir also und dir möge nicht begegnen, was wir andern vorwerfen, sondern, da dir und mir die Frage vorliegt, ob es besser sei, mit dem Verliebten oder mit dem Nichtverliebten Freundschaft zu schließen, so wollen wir uns zunächst über das Wesen und die Macht der Liebe einigen und dann in Hinsicht und Bezug darauf erwägen, ob sie Vorteil oder Schaden bringt.

Daß nun die Liebe eine Begierde ist, das ist jedem klar; wiederum aber wissen wir, daß auch Nichtliebende die Schönen begehren. Wodurch also wollen wir den Liebenden vom Nichtliebenden unterscheiden? Da müssen wir bedenken, daß in jedem von uns zwei herrschende und führende Triebe sind, denen wir folgen, wohin sie eben führen, eine angeborene Begierde nach der Lust und eine erworbene Einsicht, die nach dem Besten strebt. Diese beiden nun sind bald im Einklang in uns, bald auch in Zwietracht, und jetzt hat diese, dann wieder die andere die Oberhand. Wenn uns nun die Einsicht durch Vernunft zum Besseren führt und mächtig wird, so heißt diese Macht Besonnenheit; wenn uns aber die Begierde vernunftlos zur Lust hinzieht und in uns herrscht, so wird dieser herrschende Trieb Frevel genannt. Der Frevel aber hat viele Namen; denn er ist vielteilig und vielartig. Und die von diesen Arten zufällig den Vorzug gewonnen, trägt ihren eigenen Namen auf den hinüber, der sie besitzt, doch ist er weder schön noch erstrebenswert. Eine Begierde nämlich, die auf den Genuß der Speisen geht und die bessere Vernunft und die andern Triebe überwältigt, heißt Schlemmerei und wird dem, den sie beherrscht, den Namen eines Schlemmers einbringen. Welchen Beinamen aber die erhält, die auf den Trunk gerichtet ist und den, der sie besitzt, zum Trinken verleitet, ist klar. So ist es auch bei den übrigen verwandten Namen verwandter Begierden ganz offenbar, welcher der jedesmal obwaltenden Begierde zukommt. Um welcher Begierde willen ich alles dies gesagt habe, leuchtet wohl schon ein; auch dies aber wird, wenn es gesagt wird, auf jeden Fall deutlicher werden, als wenn es nicht gesagt wird. Die Begierde nämlich, die vernunftlos das Streben nach dem Rechten überwältigt und zur Lust am Schönen hingerissen und von den verwandten Begierden gleich auf die Schönheit der Leiber hingeführt wird, hat von eben diesem Trieb den Namen und heißt Liebe.

## 15

Aber, lieber Phaidros, scheint es dir nicht auch, als hätte mich göttliche Begeisterung ergriffen?

*Phaidros:* Allerdings, Sokrates, hat dich ein ganz ungewohnter Fluß der Rede fortgerissen.

*Sokrates:* So höre mir ruhig weiter zu. Denn in Wahrheit göttlich scheint dieser Ort zu sein, und du brauchst dich nicht zu wundern, wenn ich etwa gar im Gang der Rede von den Nymphen fortgerissen werde. Denn jetzt schon bin ich nicht mehr fern von Dithyramben.

*Phaidros:* Das ist sehr wahr.

*Sokrates:* Und daran bist du schuld. Doch höre noch das übrige, sonst könnte vielleicht verscheucht werden, was über mich gekommen ist. Doch das sei dem Gott anheimgestellt; wir aber müssen uns mit unserer Rede wieder zu dem Knaben wenden.

Gut, mein Teurer, der Gegenstand, über den wir uns beraten wollen, ist nun genannt und festgestellt. Wir behalten ihn im Auge und wollen nun das andere erörtern, welcher Vorteil oder Schaden dem Willfährigen durch den Verliebten und durch den Nichtverliebten widerfahren dürfte. Notwendig nun wird der von Begierde Beherrschte und der Lust Dienende dem Geliebten sich möglichst angenehm zu machen suchen. Einem Kranken aber ist alles lieb, was ihm nicht widerstrebt; was besser und was gleich ist, aber widerwärtig. Weder besser also noch ihm gleich wird ein Verliebter den Geliebten haben mögen, sondern er wird ihn immer schwächer und unvollkommener machen. Schwächer aber ist der Unwissende als der Weise, der Feige als der Tapfere, der Unberedte als der Redkundige, der Schwerfällige als der Denkgeübte. So viele und noch andere Übel, die im Gemüt des Geliebten entstehen oder von Natur ihm einwohnen, müssen den Liebenden erfreuen, und andere muß er erst herbeiführen oder auf das Angenehme des Augenblicks verzichten. Neidisch muß er also sein und ihn von anderem nützlichen Umgang abhalten, durch den er am ehesten zum Manne werden könnte, und ihm dadurch großen Schaden bereiten, den größten aber im Hinblick auf den Umgang, der ihn im eigentlichen Sinne weise machen würde. Das aber ist die göttliche Weisheitsliebe, von der also der Verliebte den Geliebten gewiß weit entfernt halten wird, aus Furcht, ihm verächtlich zu werden. Er wird es auch im übrigen darauf anlegen, daß jener in allem unwissend bleibt und in allem sich an den Verliebten halten muß – ein Zustand, der diesem äußerst angenehm, den Geliebten aber äußerst nachteilig ist. Für den Geist also ist der Mann, der von Liebe beherrscht ist, keineswegs ein förderlicher Aufseher oder Gefährte.

## 16

Wer aber dem Angenehmen statt dem Guten nachzujagen gezwungen ist – was für eine Bildung und Pflege er dem Körper, dessen er Herr geworden ist, angedeihen lassen wird und auf welche Weise, das müssen wir nun sehen. Es wird sich zeigen, daß er auf einen Weichlichen und nicht auf einen Harten Jagd macht, nicht auf einen, der im hellen Sonnenschein, sondern der im dumpfen Schatten aufgewachsen ist, männlicher Arbeit und sauren Schweißes ungewohnt, gewöhnt aber an zärtliche und unmännliche Lebensart, mit fremden Farben und Reizen aus Mangel an eigenen geziert und bemüht um alles, was sonst damit zusammenhängt. Das ist bekannt, und es ist nicht der Mühe wert, noch weiter darauf einzugehen; wir wollen es in einen Satz zusammenfassen und dann zu etwas anderem übergehen. Mit einem solchen Körper nämlich wird man im Kriege wie in anderen großen Bedrängnissen den Feinden wohl Mut, den Freunden aber und den Verliebten selbst Besorgnis einflößen.

Dies also wollen wir nun als bekannt auf sich beruhen lassen und als nächstes zeigen, welchen Vorteil oder Nachteil für den Besitz der Umgang und die Leitung der Verliebten uns bringen wird. Einleuchtend ist wohl jedem, am meisten aber dem Verliebten, dies, daß er vor allem wünschen wird, der Geliebte möchte des liebsten, des holdesten und göttlichsten Besitzes bar sein. Vater und Mutter und Verwandte und Freunde sähe er ihm gern entrissen, da er sie für Störer und Tadler des so angenehmen Umgangs mit ihm ansieht. Aber wer ein Vermögen hat an Gold oder sonstigem Eigentum, von dem wird er weder glauben, daß er leicht zu gewinnen, noch wenn er ihn gewonnen, daß er leicht zu behandeln sei – weshalb denn notwendig der Liebende dem Geliebten es mißgönnt, wenn er Vermögen besitzt, und erfreut ist, wenn es ihm verlorengeht. Ferner muß der Liebende den Geliebten möglichst lange auch ehelos, kinderlos und hauslos zu sehen wünschen, weil er die ihm süße Frucht aufs längste zu genießen wünscht.

## 17

Es gibt freilich noch andere Übel, aber den meisten hat doch ein Dämon eine Lust für Augenblicke beigemischt. So hat die Natur dem Schmeichler, einem argen Untier und großen Übel, doch etwas nicht Unfeines, Annehmliches beigegeben. Auch die Hetäre könnte als verderblich gelten und was man sonst dergleichen hegt und pflegt, wobei sich doch immer findet, daß es für den Augenblick sehr angenehm ist. Dem Geliebten aber ist der Liebende, vom Schaden abgesehen, auch noch im täglichen Zusammensein höchst unerfreulich. Denn gleich und gleich an Jahren, sagt schon der alte Spruch, gesellt sich gern; die Gleichheit des Alters nämlich, denke ich wohl, leitet zu gleichen Vergnügungen und bringt durch diese Ähnlichkeit Freundschaft hervor. Und dennoch führt auch das Zusammensein von solchen zu Überdruß. Der Zwang nun vollends, sagt man, ist allen lästig, in allen Dingen – er findet sich, neben der Unähnlichkeit, besonders im Umgang des Liebenden mit dem Verliebten. Der Ältere nämlich will den Umgang des Jüngeren weder bei Tag noch bei Nacht missen, sondern er wird vom innern Ungestüm und vom Stachel der Leidenschaft getrieben, die ihn fortreißt und ihm immer Vergnügen bereitet, wenn er den Geliebten sieht, hört, berührt und mit jeder Empfindung empfindet, so daß er ihm mit Lust unablässig dient. Welchen Trost aber oder welche Lust kann er dem Geliebten bieten, wie kann er hindern, daß dieser nicht zu gleicher Zeit aus seinem Umgang den stärksten Widerwillen fasse, wenn er die alternde und nicht mehr in der Blüte stehende Gestalt vor Augen hat, und was sonst damit zusammenhängt – was schon in der Erzählung unerfreulich ist zu hören, geschweige denn in Wirklichkeit, wenn man gezwungen ist, sich damit zu befassen; wenn er ferner mit argwöhnischer Wachsamkeit auf Schritt und Tritt und vor allen sich bewacht sieht und zur Unzeit übertriebenes Lob anhören muß und ebenso auch Tadel, der schon von einem Nüchternen schwer erträglich ist, aber nicht nur unerträglich, sondern schändlich von einem Trunkenen, der mit ekelhafter und unverhüllter Dreistigkeit redet?

## 18

Solange er also liebt, ist er dem Geliebten verderblich und auch abstoßend; hat aber seine Liebe aufgehört, so wird er für die Zukunft treulos, für die er vieles unter vielen Schwüren und Bitten ihm verhieß, um ihn doch nur mit Mühe festzuhalten, so daß er die ihm lästige Gesellschaft in der Hoffnung auf künftige Vorteile ertrug. Dann aber, wenn er seine Zusagen erfüllen soll, hat er schon einen andern Herrn und Führer in sich aufgenommen, Vernunft und Besonnenheit anstatt der Liebe und des Wahnsinns, und ist ein anderer geworden, dem Geliebten unbemerkt. Dieser nun fordert den Dank für das damals Gewährte und erinnert ihn an seine Taten und Worte, als ob er noch mit demselben Menschen redete. Jener aber wagt aus Scham nicht zu gestehen, daß er ein anderer geworden ist, noch weiß er, wie er die Schwüre und Versprechungen aus der verflossenen Zeit des Unverstandes erfüllen soll, jetzt, da er zu Verstand gekommen ist und sich besonnen hat; er möchte nicht handeln wie der Mensch von damals und diesem ähnlich und wieder derselbe werden. Zum Flüchtling also wird er nun und sagt sich, der Liebende von damals, notgedrungen los, da sich das Blatt gewendet hat, und begibt sich auf die Flucht. Der andere aber muß ihm nachsetzen, unwillig und mit Verwünschungen, weil er das Ganze von Anbeginn an nicht verstanden hat, daß er nämlich nie dem Verliebten und also notwendig Unverständigen willfahren durfte, sondern weit eher dem Nichtverliebten und Verständigen. Und daß er, im andern Fall, sich einem Treulosen hingeben müsse, einem Mürrischen, neidischen und Widerlichen, der Unheil bringt für sein Vermögen, noch mehr aber für den Zustand seines Körpers, am meisten aber für die Ausbildung der Seele, über die weder für Menschen noch für Götter in Warheit etwas geht noch jemals gehen kann. Dies also mußt du bedenken, Knabe, und du mußt wissen, daß die Freundschaft des Verliebten nicht auf Wohlwollen beruht – sondern wie eine Speise um der Sättigung willen »gleich wie Wölfe das Lamm, so lieben den Knaben Verliebte«.

## 19

Da hast du es, Phaidros! Du sollst mich nun auch nicht weiter reden hören, sondern hier soll die Rede ihr Ende haben.

*Phaidros:* Und doch dachte ich, das sei erst die Hälfte, und die Rede würde nun in der gleichen Weise noch von dem Nichtverliebten handeln, daß man diesem eher gefällig sein müsse, indem sie aufzählte, was er Gutes an sich hat. Warum also, Sokrates, hörst du schon jetzt auf?

*Sokrates:* Hast du denn nicht gemerkt, mein Bester, daß ich schon Verse spreche, nicht mehr nur Dithyramben, und das noch, während ich tadle? Wenn ich nun erst anfinge, den andern zu loben, was glaubst du, würde ich dann tun? Weißt du wohl, daß mich die Nymphen, denen du mich recht mit Vorbedacht preisgegeben hast, vollkommen mit Begeisterung erfüllen werden? Ich sage also nur mit einem Wort, daß von alledem, was wir an dem einen getadelt haben, dem andern das entgegengesetzte Gute zukommt. Was bedarf es einer langen Rede? Über beide ist ja genug gesagt, uns so mag denn meiner Erzählung widerfahren, was ihr widerfahren soll; ich aber gehe nun durch diesen Fluß und wieder fort, ehe ich von dir zu etwas noch Größerem gezwungen werde.

*Phaidros:* Nur jetzt noch nicht, Sokrates, solange es noch so heiß ist. Oder siehst du nicht, daß die Sonne fast schon im Mittag steht? Laß uns noch hier bleiben und über das Gesprochene miteinander reden. Wir gehen dann, sobald es kühl geworden ist.

*Sokrates:* Göttlich bist du mit Reden, Phaidros, und geradzu bewundersnwert. Denn ich glaube, von allen Reden, die zu deinen Lebzeiten entstanden sind, hat niemand mehr als du ans Licht gebracht, sei es, daß du selbst sie hieltest, sei es, daß du andere auf irgendeine Weise dazu nötigtest. Simmias, den Thebaner, nehme ich aus, die übrigen aber übertriffst du bei weitem. Auch jetzt wieder scheinst du mir schuld zu sein, daß eine Rede gehalten werden muß.

*Phaidros:* Nun, darüber bekommen wir keine Händel. Aber wie denn und was für eine Rede?

## 20

*Sokrates:* Als ich im Begriffe stand, mein Guter, durch den Fluß zu gehen, hat sich in mir das göttliche und das gewohnte Zeichen gemeldet – es will mich immer abhalten, wenn ich etwas tun will –, und ich glaubte eine Stimme von dorther zu hören, die mir verwehrte, fortzugehen, bevor ich mich entsühnt hätte, wie einer, der sich am Göttlichen versündigt hat. Nun bin ich zwar ein Wahrsager, allerdings kein guter, sondern nur so weit wie die schlechten Schreiber, daß ich mir selbst genug bin. Daher also kenne ich mein Vergehen schon genau. Ja, mein

Freund, auch die Seele ist wirklich ein weissagendes Wesen. Denn mich beunruhigte schon lange etwas, als ich noch die Rede hielt, und wie Ibykos sagt, ängstigte ich mich, ich möchte gegen die Götter freveln und dafür Ehre von den Menschen eintauschen. Nun aber kenne ich mein Vergehen.

*Phaidros:* Was für eines meinst du denn?

*Sokrates:* Eine arge Rede, Phaidros, eine sehr arge, hast du selbst mitgebracht und auch mich zu reden gezwungen.

*Phaidros:* Wieso denn?

*Sokrates:* Eine einfältige und mitunter gottlose Rede. Welche ärgere könnte es wohl geben?

*Phaidros:* Gewiß keine, wenn du recht hast.

*Sokrates:* Wie denn? Hältst du den Eros nicht für den Sohn der Aphrodite und für einen Gott?

*Phaidros:* Das sagt man von ihm.

*Sokrates:* Lysias aber sagt es nicht, noch auch deine Rede, die durch meinen, von dir bezauberten Mund gesprochen worden ist. Wenn also Eros, wie es wirklich ist, ein Gott oder etwas Göttliches ist, so kann er ja nichts Schlechtes sein. Die Reden vorhin aber sprachen beide von ihm, als wäre er etwas von dieser Art. Damit nun fehlten sie gegen Eros. Und dazu kommt die hübsche Einfalt, mit der sie, ohne etwas Gesundes oder Wahres vorzubringen, vornehm tun, als seien sie etwas, weil sie vielleicht ein paar Leutchen täuschten und ihnen wohlgefielen. Ich also, Freund, muß mich entsühnen. Es gibt aber für Menschen, die sich gegen die Götterlehre vergingen, eine alte Reinigung, von der Homer nichts wußte, wohl aber Stesichoros. Als er nämlich des Augenlichts beraubt war, wegen seiner Schmähreden auf Helena, blieb ihm nicht wie dem Homer der Grund unbekannt, sondern als ein Mann der Musen erkannte er ihn und dichtete sogleich: »Unwahr ist diese Rede, denn nie besiegst du die zierlichen Schiffe, noch kamst du je zur Feste von Troja«, und nachdem er den ganzen sogenannten Widerruf gedichtet hatte, ward er alsbald wieder sehend. Ich nun will eben hierin weiser sein als jene. Denn ehe mir noch etwas Übles begegnet wegen der

Schmährede auf Eros, will ich versuchen, ihm den Widerruf zu leisten mit entblößtem Haupt und nicht, wie vorhin, aus Scham verhüllt.

*Phaidros:* Etwas Angenehmeres als dies, Sokrates, hättest du mir gar nicht sagen können.

## 21

*Sokrates:* Du siehst doch ein, mein guter Phaidros, wie schamlos die beiden Reden gesprochen wurden, die letzte wie die aus dem Buche vorgelesene? Hätte ein edler Mann von sanfter Art, der einen seinesgleichen liebt oder früher einmal geliebt hat, uns zufällig zugehört, als wir sagten, daß Verliebte um Kleinigkeiten großen Zank anfangen und dem Geliebten mißgünstig und verderblich sind – meinst du nicht, er würde glauben, Menschen zu hören, die unter Schiffsvolk aufgewachsen sind und nie eine anständige Liebe gesehen haben, und daß er weit davon entfernt sein würde, uns in dem, worin wir die Liebe tadelten, beizustimmen?

*Phaidros:* Vielleicht, beim Zeus, Sokrates.

*Sokrates:* Aus Scham also vor diesem und aus Furcht vor dem Eros selbst will ich mit einer trinkbaren Rede den Salzgeschmack dessen, was wir gehört, gleichsam hinunterspülen. Ich rate aber auch dem Lysias, sobald wie möglich darüber zu schreiben, daß man unter gleichen Umständen dem Verliebten eher als dem Nichtverliebten sich gefällig zeigen müsse.

*Phaidros:* Sei versichert, daß es so geschehen wird. Wenn du nämlich des Verliebten Lob gesprochen hast, so muß Lysias von mir unbedingt gezwungen werden, darüber auch eine Rede zu schreiben.

*Sokrates:* Das glaube ich gern, solange du der alte bleibst.

*Phaidros:* Sprich also gestrost.

*Sokrates:* Wo ist mir aber der Knabe geblieben, zu dem ich sprach? Er soll auch dies hören und sich nicht etwa übereilen, dem Nichtliebenden in seiner Unwissenheit zu Willen zu sein.

*Phaidros:* Der ist immer bei dir und recht nahe – wenn du es willst.

## 22

*Sokrates:* So wisse denn, schöner Knabe: die vorige Rede war von Phaidros aus Myrrhinus, dem Sohne des Pythokles; die ich aber jetzt halten will, ist von Stesichoros, dem Sohne des Euphemos aus Himera. Sie muß aber so gesprochen werden: Unwahr ist der Satz, der sagt, man solle, wo ein Liebender vorhanden ist, doch eher dem Nichtliebenden gefällig sein, weil jener nämlich wahnsinnig, dieser aber bei Besinnung sei. Wenn es richtig wäre, daß der Wahnsinn ein Übel ist, dann wäre der Satz gut; nun aber werden uns die größten Güter durch einen Wahnsinn zuteil, der freilich durch göttliche Gunst verliehen wird. Denn die Prophetin zu Delphi und die Priesterinnen zu Dodone haben ja im Zustande des Wahnsinns vieles und Schönes in besonderen und öffentlichen Angelegenheiten für Hellas geleistet, im Zustande der Vernunft jedoch nur Kümmerliches oder nichts. Und wollten wir noch von der Sibylle sprechen und den anderen, die göttlicher Wahrsagekunst mächtig waren und Vielen vieles voraussagten und sie vor Fehlgriffen bewahrten, so würden wir langweilig werden mit der Erzählung allgemein bekannter Dinge. Dies aber verdient angeführt zu werden, daß auch von den Alten die, welche die Namen festgesetzt haben, den Wahnsinn nicht für etwas Arges oder eine Schande hielten; sonst hätten sie nicht die edelste Kunst, durch die man die Zukunft beurteilt, eben mit diesem Namen verbunden und sie Wahnsagekunst genannt; sondern wie sie etwas Schönes ist, wenn sie durch göttliche Schikkung zuteil wird, haben sie diesen Namen eingeführt, und dann haben die Neueren ungeschickterweise erst das R hineingebracht und jene Kunst Wahrsagekunst genannt. Ebenso haben sie die Zukunftserforschung der Besonnenen, durch Vögel und durch andere Zeichen, die dem menschlichen Verstande im Nachdenken Einsicht und Wissen zuteil werden ließen, das Wißsagen genannt, was jetzt die Neueren, mit dem breiten Doppellaut prunkend, in Weissagen verwandelt haben. So viel heiliger und ehrenvoller nun jenes Wahrsagen ist als dieses Weissagen, dem Namen und der Sache nach, um so viel edler ist auch nach dem Zeugnis der Alten der gottgewirkte Wahnsinn als die bloße menschliche Verständigkeit. Aber auch von Krankheiten und den schweren Plagen, »von dem, was etwa altem Götterzorn entsprang in einzelnen Geschlechtern«, hat ein dabei auftretender prophetischer Wahnsinn den Bedrängten Errettung verschafft, indem er seine Zuflucht nahm zu Gebeten und Verehrungen der Götter. So wurden ihm reinigende Gebräuche und Weihungen kund, und er sühnte den von ihm Berührten für die Gegenwart und für die Zukunft und schuf dem auf die rechte Art Wahnsinnigen und Besessenen Erlösung von seinen Leiden. Die dritte Art von Begeisterung und Wahnsinn rührt von den Musen her. Hat er eine zarte und unentweihte Seele ergriffen, so weckt und berauscht er sie, und in Gesängen und anderer Dichtung, durch den Preis von tausend Taten der Alten, bildet er die Nachkommen. Wer aber ohne den Wahnsinn der Musen zu den Pforten der Dichtkunst kommt, in der Meinung, er könne durch Kunst allein ein guter Dichter werden, der ist selbst ungeweiht, und auch die Dichtung des Besonnenen vergeht vor der des Wahnsinnigen.

## 23

So vieles und mehr noch kann ich rühmen von schönen Taten des Wahnsinns, der von den Göttern kommt. Wir wollen uns nicht scheuen, noch soll uns irgend eine Rede damit schrecken, daß wir statt des Gottbewegten den Besonnenen zum Freunde wählen sollen; sondern dann erst soll sie den Preis davontragen, wenn sie zu jenem auch noch dies erwiesen hat, daß die Liebe nicht zum Heil des Liebenden wie des Geliebten von den Göttern geschickt ist. Wir aber haben das Gegenteil zu beweisen, daß die Götter diesen Wahnsinn zum größten Segen verleihen. Dieser Beweis wird den Klüglern unglaubhaft sein, den Weisen aber glaubhaft. Zuerst nun muß man über die Natur der Seele, die göttliche wie auch die menschliche, durch Betrachtung ihres Tuns und Leidens das Richtige ermitteln. Der Anfang des Beweises ist dieser:

## 24

Jede Seele ist unsterblich. Denn das immer Bewegte ist unsterblich. Alles aber, was ein anderes bewegt und selbst von einem anderen bewegt wird, kennt einen Stillstand der Bewegung und damit auch ein Stillstehen des Lebens. Nur was sich selbst bewegt, hört niemals auf bewegt zu sein, sofern es sich nie selbst verläßt; aber auch für alles, was sonst bewegt wird, ist es Ursprung und Anfang der Bewegung. Der Anfang aber ist unentstanden. Denn aus dem Anfang muß alles Entstehende entstehen, er selbst aber aus nichts. Denn wenn der Anfang aus einem Etwas entstünde, so wäre er nicht von Anfang an. Da er aber unentstanden ist, muß er notwendig auch unvergänglich sein. Denn, wenn der Anfang unterginge, könnte weder er jemals aus etwas anderem, noch etwas anderes aus ihm entstehen, da ja alles aus dem Anfang entstehen soll. So ist also der Bewegung Anfang das sich selbst Bewegende. Dies aber kann weder untergehen noch entstehen, sonst müßte der ganze Himmel und alles, was geworden, zusammenfallen und zum Stillstand kommen, und hätten nichts, wodurch sie wiederum bewegt werden und wiederum entstehen könnten. Wenn aber das, was sich von selbst bewegt, als unsterblich nachgewiesen ist, so darf man sich nicht scheuen, eben dieses für das Wesen und den Begriff der Seele zu erklären. Denn jeder Körper, dem die Bewegung nur von außen kommt, heißt unbeseelt, der aber, dem sie von innen, aus sich selbst zuteil wird, beseelt; denn dies macht die Natur der Seele aus. Steht es nun aber so, daß es nichts anderes gibt, was sich von selbst bewegt, als die Seele, so muß die Seele notwendig unentstanden und unsterblich sein. Von ihrer Unsterblichkeit nun genug!

## 25

Von ihrem Wesen aber wäre dies zu sagen. Wie es beschaffen ist – diese Frage würde eine durchaus göttliche und breite Darlegung erfordern; womit es aber zu vergleichen – diese Frage eine menschliche und leichtere. In dieser Weise wollen wir nun davon reden. Die Seele gleiche also der vereinten Kraft eines geflügelten Gespanns und seines Führers. Der Götter Rosse und Führer nun sind alle selbst gut und von gutem Stamme, die Art der andern aber ist verschieden. Bei uns lenkt, fürs erste, der Führer ein Zweigespann, sodann ist von den Rossen das eine gut und edel und von ebensolchem Stamme, das andere aber von entgegengesetzter Art und Abstammung. Schwierig und notwendig mühevoll ist daher bei uns das Lenken.

Warum nun ferner ein Lebewesen sterblich und unsterblich heißt, müssen wir erklären. Alles, was Seele ist, waltet über alles Unbeseelte und umwandelt den ganzen Himmel und zeigt sich verschiedentlich in verschiedenen Gestalten. Wenn die Seele vollkommen und geflügelt ist, schwebt sie in der Höhe und durchwebt das ganze Weltall; wenn sie aber flügellos ist, wird sie umhergetrieben, bis sie auf etwas Festes trifft, wo sie nun wohnhaft wird und einen irdischen Leib annimmt, der durch ihre Kraft sich selbst zu bewegen scheint, und dieses Ganze, aus Seele und Leib gefügt, wird dann ein lebendes Wesen genannt und erhält den Beinamen sterblich. Das Unsterbliche aber können wir nicht begrifflich fassen, sondern ohne den Gott gesehen noch ihn hinlänglich erkannt zu haben, ersinnen wir das Bild einer unsterblichen Lebensform, die Seele und Leib und beides für alle Zeit vereinigt hat. Doch das mag sich verhalten, wie es Gott gefällt, und so nur sei davon gesprochen. Dagegen wollen wir die Ursache zu fassen suchen, weshalb die Seele die Flügel verliert und sie von ihr abfallen. Es ist diese.

## 26

Geschaffen ist die Kraft der Flügel, das Schwere hochzuheben und emporzuführen, dorthin, wo das Geschlecht der Götter wohnt. Unter allem, was zum Leib gehört, haben sie am meisten teil am Göttlichen. Göttlich aber ist das Schöne, Weise, Gute und alles, was dem ähnlich ist. Hiervon also nähren sich und wachsen die Flügel der Seele; doch am Mißgestalteten und Schlechten und was jenem sonst entgegen ist, welken sie und fallen ab. Zeus nun, der große Herrscher im Himmel, zieht auf seinem Flügelwagen als der erste aus, anordnend alles und besorgend, und ihm folgt die Schar der Götter und Dämonen, in elf Zügen geordnet. Denn Hestia bleibt allein in der Götter Hause zurück. Alle andern aber, die zu der Zahl der zwölf als herrschende Götter geordnet sind, führen ihre Züge in der Ordnung, die jedem angewiesen ist. Es gibt viele herrliche Gesichte und Bahnen innerhalb des Himmels, die der seligen Götter Geschlecht durchwandelt, und jeder tut das Seine. Es folgt ihm aber, wer jeweils will und kann; denn Mißgunst ist verbannt aus dem göttlichen Chor. Wenn sie aber zum Feste und zum Mahle gehen, dann fahren sie zu äußerst von unten an der Wölbung des Himmels steil empor: Der Götter Wagen fahren im Gleichgewicht mit wohlgezügeltem Gespann mit Leichtigkeit dahin, die andern aber nur mit Mühe. Denn das Roß vom schlechten Stamme beugt sich vor und drückt mit seiner Last das Gespann zur Erde nieder, wenn der Führer es nicht gut erzogen hat. Und da hat nun die Seele Mühe und den schwersten Kampf. Doch die Seelen, die unsterblich heißen, fahren, wenn sie zur Höhe kommen, daußerhalb dahin und betreten so den Rücken des Himmels und, während sie hier stehen, reißt sie der Umschwung mit sich fort, und sie schauen, was außerhalb des Himmels ist.

## 27

Den überhimmlischen Raum aber hat noch nie einer von den Dichtern hier besungen, und keiner wird ihn je besingen nach Gebühr. Es verhält sich aber so damit – denn wagen muß ich's, ihn der Wahrheit folgend zu beschreiben, zumal ich von der Wahrheit rede. Diesen Raum hat das farblose und gestaltlose und unantastbare wahrhaft seiende Wesen inne, das nur für den Führer der Seele, den Geist, zu schauen und auf das die wahre Wissenschaft gerichtet ist. Die göttliche Vernunft, mit Erkenntnis und reinem Wissen genährt, und die Vernunft jeder Seele, die bereit ist aufzunehmen, was ihr gebührt – sie sehen hier von Zeit zu Zeit das wahrhaft Seiende und sind dann froh und nähren sich von der Betrachtung des Wahren und lassen es sich wohl sein, bis der Umschwung sie im Kreise wieder an die gleiche Stelle zurückbringt. In diesem Umlauf nun schaut die Seele die Gerechtigkeit selbst, schaut die Besonnenheit und schaut das Wissen – nicht jenes, das entsteht, und auch nicht jenes, das stets ein anderes ist für jedes andere von den Dingen, die wir jetzt wirklich nennen, sondern das Wissen, das im wahren Sein vorhanden ist. Und wenn sie auch von allem anderen das wahrhaft Seiende geschaut und sich daran gesättigt hat, so taucht sie wieder in das Innere des Himmels und kehrt nach Hause zurück. Ist sie heimgekommen, so stellt der Führer die Rosse an die Krippe, wirft ihnen Ambrosia vor, und danach tränkt er sie mit Nektar.

## 28

Und dies nun ist der Götter Lebensweise. Die andern Seelen aber – nur einige, die am rüstigsten dem Gotte folgten und ihm ähnlich wurden, vermögen das Haupt des Führers in den äußeren Raum hinauszustrecken und werden durch den Umschwung mit herumgeführt. Sie werden aber von den Rossen geängstigt und können nur mit Mühe das Seiende erblicken. Andere erheben sich bisweilen und tauchen wieder unter, so daß sie bei dem Ungestüm der Rosse einiges zwar sehen, anderes aber nicht. Die andern alle streben wohl auch empor und suchen zu folgen, aber sie haben keine Kraft, und so werden sie im unteren Raume mit herumgetrieben und treten aufeinander und drängen sich, und jede sucht der anderen zuvorzukommen. Und da entsteht denn nun Verwirrung, Streit und Drangsal. Da lahmen, wo die Führer ungeschickt sind, die Rosse, und viele brechen ihre Flügel. Und trotz vieler Mühe fahren sie allesamt davon, ohne das Seiende geschaut zu haben, und wenn sie weg sind, zehren sie vom Scheine. Daher denn auch der große Eifer, zu sehen, wo das Feld der Wahrheit liegt. Die Weide für den edelsten Teil der Seele findet sich auf jener Wiese, und die Natur der Flügel, mit denen sich die Seele hebt, erfordert diese Nahrung. Auch gibt es ein Gesetz der Adrasteia: Jede Seele, die im Gefolge eines Gottes etwas vom Wahren geschaut hat, soll bis zum nächsten Umlauf frei vom Leide bleiben, und wenn sie es vermag, dies immer wieder zu bewirken, soll sie auch immer ungefährdet bleiben. Wenn sie aber nicht die Kraft hat, nachzufolgen, und nichts sieht, sondern durch ein Mißgeschick mit Vergeßlichkeit und Trägheit erfüllt und schwer wird, die Flügel verliert und zur Erde fällt, dann ist es Gesetz, sie bei der ersten Geburt noch nicht in einen Tierleib einzupflanzen; sondern, die am meisten geschaut hat, kommt in den Keim eines Mannes, der ein Freund der Weisheit, ein Freund des Schönen, ein Diener der Musen und der Liebe werden soll; die zweite in den Keim eines rechtmäßigen Königs oder eines Heerführers und Herrschers; die dritte in den Keim eines Staatsmannes oder eines Mannes, der ein Haus, ein Vermögen zu verwalten weiß; die vierte in den Keim eines Freundes von schweren Leibesübungen oder eines Mannes, der sich mit der Heilung des Leibes beschäftigen wird; die fünfte wird das Leben eines Wahrsagers und Priesters führen; der sechsten wird das Leben eines Dichters oder eines andern nachahmenden Künstlers angemessen sein; der siebenten das eines Handwerkers oder Bauern; der achten das eines Sophisten oder Volksverführers; der neunten das eines Tyrannen. Unter allen diesen nun empfängt, wer gerecht sein Leben führt, ein besseres Los, wer aber ungerecht, ein schlechteres.

## 29

Denn dorthin, woher jede Seele kommt, kehrt sie nicht zurück vor zehntausend Jahren; vor Ablauf dieser Zeit kann sie die Flügel nicht zurückerlangen – es sei denn die Seele dessen, der ohne Falsch Philosoph ist oder im Geist der Philosophie die Jünglinge geliebt hat. Diese Seelen erlangen im dritten tausendjährigen Umzug, wenn sie dreimal nacheinander dasselbe Leben gewählt haben, also nach dreitausend Jahren, die Flügel wieder und kehren heim. Die andern aber, wenn sie ihr erstes Leben vollendet haben, kommen vor Gericht. Und nach dem Gericht werden die einen in die unterirdischen Gefängnisse geworfen und büßen ihre Schuld, die andern aber werden durch den Rechtsspruch in einen Raum des Himmels erhoben und leben dort gemäß dem Leben, das sie in menschlicher Gestalt geführt. Nach tausend Jahren aber ziehen beiderlei Seelen neue Lose, und sie wählen das zweite Leben, jede, wie sie will. Diesmal kann auch die Menschenseele in das Leben eines Tieres übergehen und aus dem Tiere, wenn sie ehedem im Menschen war, wieder in den Menschen. Nur die Seele, die nie die Wahrheit geschaut hat, kann nie in menschliche Gestalt gelangen. Denn der Mensch muß um das allgemeine wissen, um das eine, das die Vernunft aus den vielen Wahrnehmungen zusammenfaßt. Dies aber ist Erinnerung an das, was einstmals unsere Seele gesehen hat, als sie der Gottheit nachwandelte und über das hinwegschaute, was uns jetzt für wirklich dünkt, und zu dem wahrhaft Seienden das Haupt erhob. Und darum trägt mit Recht nur des Philosophen Seele die Flügel; denn immer ist sie in Erinnerung soviel wie möglich bei jenen Dingen, bei denen zu verweilen das Göttliche der Gottheit ausmacht. Und wer solcher Erinnerungen mächtig ist, immer geweiht mit den vollkommenen Weihen, der allein empfängt wahrhaft die Weihe der Vollendung. Und da er aus den menschlichen Bestrebungen heraustritt und bei dem Göttlichen verweilt, wird er von der Menge wohl als Narr gescholten; daß er aber vom Geist der Gottheit ergriffen ist, das merkt die Menge nicht.

## 30

Hier nun setzt die ganze Rede von der vierten Art des Wahnsinns ein. Sooft ein Mensch beim Anblick eines Schönen hier der wahren Schönheit sich erinnert, wachsen ihm die Flügel, und mit dem wachsenden Gefieder verlangt er aufzufliegen und hat doch nicht die Kraft dazu; er schaut nur einem Vogel gleich nach oben und vergißt, was unten um ihn ist, und gilt für einen, der besessen ist. Von allen Arten der Begeisterung erweist sich eben diese als die beste und von der besten Abkunft, an dem, der ihrer teilhaft ist, wie auch an dem, der in Gemeinschaft mit ihr tritt. Und wer in diesem Wahnsinn die Schönen liebt, der wird ein Liebender genannt. Denn, wie gesagt, muß jede Seele eines Menschen, ihrer Natur gemäß, das Seiende geschaut haben, sonst wäre sie nicht eingetreten in diese Lebensform. Auf Erden aber sich an jenes wieder zu erinnern, das ist nicht leicht für jede – nicht für jene, die das Jenseitige nur kümmerlich geschaut, noch für jene, die hinabgefallen sind und die ein Mißgeschick betroffen hat, so daß sie, irgendwie durch ihren Umgang zum Unrechttun verleitet, das Heilige, das sie geschaut, vergessen haben; wenige nur bleiben übrig, in denen die Erinnerung gegenwärtig ist. Diese aber, wenn sie ein Abbild des Jenseits sehen, geraten außer sich und sind ihrer selbst nicht mächtig; was ihnen aber eigentlich geschieht, wissen sie nicht, weil sie es nicht durchschauen. Kein Glanz der Gerechtigkeit und der Besonnenheit und alles dessen, was sonst den Seelen köstlich ist, wohnt in den Abbildern hienieden, sondern mit trüben Augen und nur mühsam erkennen wenige, wenn sie sich jenen Bildern nahen, die Art des Abgebildeten. Damals aber war die Schönheit leicht zu sehen, als wir im seligen Chore dem Zeus und andere einem andern Gotte folgten und des herrlichsten Anblicks und Schauspiels genossen und die Weihe empfingen, die wir mit Fug die seligste nennen – wir feierten sie damals fehllos selbst und unbetroffen von den Übeln, die unser für die Zukunft warteten, mit fehllosen und lauteren und wandellosen und glückseligen Gesichten geheiligt und geweiht in reinem Glanze, rein und nicht beschwert von dem, was wir als Leib mit uns herumschleppen und worin wir wie die Austern in die Muscheln eingeschlossen sind.

## 31

Dies nun sei der Erinnerung gewidmet, die mich in der Sehnsucht nach dem Damals jetzt breiter reden ließ. Die Schönheit also glänzte schon unter jenen himmlischen Gesichten, und auch als wir hierherkamen, faßten wir sie mit dem hellsten unserer Sinne auf, da sie aufs hellste uns entgegenschimmerte. Das Auge nämlich ist der schärfste aller körperlichen Sinne. Aber die Weisheit sieht es nicht. Denn furchtbare Liebe würde uns verzehren, wenn uns die Weisheit oder sonst ein Liebenswertes in einem also hellen Abbild vor die Augen träte. Nun aber ist es der Schönheit allein zuteil geworden, daß sie zugleich sichtbar und liebenswürdig ist, im höchsten Grade. Wer nicht neu geweiht ist oder schon verdorben, der fühlt sich auch nicht zu der Schönheit selbst gezogen, wenn er sieht, was hier ihren Namen trägt; daher er nicht in Anschauung verehrt, sondern, der Lust ergeben, sich tierisch zu vermischen sucht und Kinder zu erzeugen und sich nicht fürchtet und nicht scheut, in zügelloser Annäherung, gegen die Natur, der Lust zu fröhnen. Wer aber frische Weihung an sich hat und oben viel gesehen hat, der erschauert zuerst, wenn er ein gottgestaltiges Antlitz erblickt oder eine Leibesgestalt, die das Urbild der Schönheit wohl nachgebildet an sich trägt, und es befällt ihn Angst wie damals. Dann erst sieht er das Abbild und verehrt es wie einen Gott, ja, wenn er nicht den Schein des Wahnsinns meiden wollte, so würde er dem Geliebten opfern, wie einem heiligen Bilde oder einem Gotte. Und indem er ihn nun anblickt, befällt ihn eine Wandlung wie nach dem Fieberschauer und Schweiß und ungewohnte Hitze. Mit den Augen nimmt er die Ausstrahlung der Schönheit auf, die seine Flügel tränkt, und wird durchwärmt, und an dieser Wärme schmilzt alles Harte und Starre, das bisher den Durchbruch der Flügel gehindert hat, und wenn nun Nahrung zufließt, so schwillt der Kiel des Flügels und will aus der Wurzel treiben, um die ganze Gestalt der Seele; denn sie war ehedem ganz geflügelt.

## 32

Hierbei nun gärt und pocht ihr ganzes Wesen, und was die Kinder fühlen, wenn ihre Zähne eben ausbrechen, ein Jucken und ein Kitzeln im Zahnfleisch, eben das erleidet auch die Seele dessen, dem das Gefieder sprießt. Es gärt in ihr und pocht und juckt, wenn ihr die Flügel keimen. Wenn sie nun auf die Schönheit des Knaben sieht und die Teile, die von ihr ausströmen und sich losreißen und eben deshalb Reize heißen, in sich aufnimmt und dadurch belebt und warm wird, so lassen ihre Schmerzen nach, und sie ist froh. Doch wenn sie wieder von ihm getrennt ist und nach ihm dürstet, dann schrumpfen die Öffnungen, aus denen das Gefieder aufsprießt, zusammen und schließen sich und hemmen den Trieb des Gefieders. Dieser aber, innen mit dem Reize eingeschlossen, klopft und gleicht dem Pulse und pocht gegen jede Öffnung, auf die er trifft, so daß die ganze Seele, ringsum gestachelt, tobt und von Schmerz durchwühlt wird; überkommt sie aber wieder Erinnerung an das Schöne, so wird sie froh. Da nun beide Empfindungen in ihr gemischt sind, bangt sie über einen so seltsamen Zustand, und hilflos rast sie, und in ihrem Wahne kann sie bei Nacht nicht schlafen und hat am Tage nirgends Ruhe, sondern in Sehnsucht eilt sie dahin, wo sie den zu sehen glaubt, der die Schönheit hat. Sobald sie ihn aber sieht und neuen Liebreiz in sich aufnimmt, so löst sich wieder, was in ihr verschlossen war; sie schöpft von neuem Luft, die Stiche und die Schmerzen hören auf, und sie genießt im Augenblicke wieder jener süßesten Lust. Daher sie auch den Schönen freiwillig nicht verläßt und keinen höher schätzt als ihn, sondern Mutter und Brüder und Freunde allsamt vergißt und es für nichts erachtet, wenn sie Hab und Gut um seinetwillen fahren läßt; unbekümmert um Herkommen und Sitte, womit sie sonst sich zierte, ist sie bereit, dem Gegenstande ihrer Sehnsucht zu dienen und bei ihm zu ruhen, so nahe es nur sein kann. Denn sie verehrt nicht nur, sie findet auch in ihm, der die Schönheit hat, allein den Arzt für ihre schwersten Leiden. Diesen Zustand nun, du schöner Knabe, zu dem ich rede, nennen die Menschen Eros, wenn du aber hörst, wie er bei den Göttern heißt, wirst du vielleicht bei deiner Jugend lächeln. Es führen nämlich, wie ich glaube, ein paar Homeriden aus den geheimen Gesängen zwei Verse auf den Eros an, von denen der eine sehr leichtfertig ist und nicht einmal das Versmaß einhält. Sie singen nämlich so:

»Sterbliche nennen ihn Eros, den Gott des geflügelten Dranges. Götter aber den Pteros, den Schöpfer der drängenden Flügel.«

Dies nun magst du glauben oder nicht; dennoch ist eben jenes in Wahrheit das Leid der Liebenden und seine Ursache.

## 33

Wer nun aus des Zeus Gefolge vom Eros ergriffen wird, der vermag die Pein des Flügelnamigen standhafter zu tragen. Wenn aber, die des Ares Diener waren und mit ihm wandelten, vom Eros überwältigt werden und in etwas sich beleidigt glauben vom Geliebten, so sind sie blutdürstig und bereit, sich selbst und den Geliebten hinzuopfern. Und so lebt jeder nach der Art des

Gottes, zu dessen Zuge er gehörte, er ehrt ihn nach Vermögen und ahmt ihn nach, solange er noch unverdorben ist und das erste Dasein auf Erden durchlebt, und auf diese Weise verkehrt er auch mit den Geliebten und den andern und verhält sich gegen sie. So wählt denn jeder nach seiner Art die Liebe zu einem Schönen, und als wäre jener selbst ein Gott, bildet er ihn sich und schmückt ihn wie ein Götterbild, es zu verehren und zu feiern. Die dem Zeus gehören, trachten, daß ihr Geliebter die Seele eines Zeus besitze. Sie sehen also zu, ob einer die Art eines Philosophen oder eines Herrschers habe, und wenn sie ihn gefunden und liebgewonnen haben, so tun sie alles, damit er es auch werde. Und wenn sie nie zuvor darangegangen sind, so versuchen sie es jetzt und lernen, wo sie irgend können, und forschen selber nach. Indem sie aber nachspüren, gelingt es ihnen, die Natur ihres Gottes aufzufinden, weil sie unverwandt den Gott betrachten müssen, und wenn sie im Erinnern ihn erfassen, nehmen sie begeistert Art und Sitte von ihm an, soweit es einem Menschen möglich ist, vom Wesen eines Gottes etwas anzunehmen. Und da sie den Geliebten als die Ursache davon betrachten, so hängen sie ihm noch mehr an. Und wenn Zeus die Quelle ist, aus der sie schöpfen wie die Bacchantinnen, so lassen sie es auf des Geliebten Seele überströmen und machen ihn soviel wie möglich ihrem Gotte ähnlich. Die aber der Hera folgten, suchen einen Königlichen, und wenn sie ihn gefunden haben, tun sie mit ihm in allen Stücken ebenso. Und so auch trachten die Verehrer des Apollon und jedes anderen Gottes, daß ihr Knabe dem Gotte ähnlich sei, und wenn sie ihn gefunden, so leiten sie ihn zu desselben Gottes Sitte und Gestalt, indem sie selbst dem Gotte nachahmen und auch den Geliebten überreden und nach seinem Maße bilden, jeder wie sehr er es vermag. Sie geben keinem Neide, keiner niedern Mißgunst gegen den Geliebten nach, sondern mühen sich aufs beste und auf alle Weise, ihn zu jeder Ähnlichkeit mit ihnen selbst zu leiten und mit dem Gotte, den sie ehren – darum handeln sie so. Einen Eifer also der wahrhaft Liebenden und – wenn sie erlangt, worum sie sich bemühen – eine heilige Weihe, nach meinem Worte, schön und beglückend, läßt der Liebende in der Raserei der Liebe dem Geliebten angedeihen, wenn er ihn gewonnen hat. Gehalten aber wird er, wenn er gefunden ist, auf diese Art.

## 34

Wie ich zu Anfang der Erzählung jede Seele dreifach geteilt habe, in zwei rosseähnliche Gestalten und in eine dritte, die den Führer darstellt, so soll es uns auch jetzt noch gelten. Von den beiden Rossen, sagten wir, ist das eine gut, das andere nicht. Worin aber die Tüchtigkeit des guten und die Schlechtigkeit des schlechten besteht, das haben wir noch nicht erklärt; jetzt aber müssen wir es sagen. Das bessere von beiden nun, von geradem Wuchs und gut gegliedert, hochnackig, mit gebogener Nase, weißfarbig und schwarzäugig, vereinigt Ehrgeiz mit Besonnenheit und Scham, und als Freund wahrhafter Denkungsart wird es ohne Schläge nur durch Zuruf und Befehl gelenkt. Das andere aber, senkrükkig, plump und schlecht gebaut, starknackig, kurzhalsig, stumpfnasig, schwarz, mit hellen, blutigen Augen, ein Freund von Trotz und Starrsinn, um die Ohren zottig, taub, es gehorcht der Peitsche und dem Stachel nur mit Mühe.

Wenn nun der Führer das geliebte Antlitz sieht und seine Seele in der Empfindung glüht und bald überall den Stachel des Kitzels und Verlangens spürt, so hält das Roß, das dem Führer leicht gehorcht und durch die Scham zu zügeln ist, wie immer, so auch jetzt sich selbst davon zurück, auf den Geliebten loszurennen; das andere aber scheut nicht länger weder Stachel noch Peitsche des Führers, es springt und strebt gewaltsam vorwärts und setzt auf alle Weise dem Gespanngenossen und dem Führer zu und zwingt sie, dem Geliebten nachzugehen und der Gaben der Liebeslust zu gedenken. Jene beiden leisten anfangs Widerstand, unwillig wie bei einer argen, ruchlosen Nötigung, zuletzt aber, wenn des Ungemachs kein Ende ist, werden sie von jenem fortgerissen, sie gehen hin und geben nach und versprechen, das Gebotene zu tun. Und so nahen sie sich ihm und sehen des Geliebten glänzende Gestalt.

## 35

Wenn der Führer sie nun sieht, so wird seine Erinnerung zum Wesen der Schönheit fortgeführt, und wieder sieht er sie zusammen mit der Besonnenheit auf unentweihtem Boden stehen. Bei diesem Anblick erbebt er, und, von Ehrfurcht erfüllt, beugt er sich zurück und kann zugleich nicht anders, als so gewaltig die Zügel rückwärts ziehen, daß sich beide Rosse auf die Hüften setzen, das eine gutwillig, weil es nie widerstrebt, das wilde aber höchst widerwillig. Da sie nun weiter zurückgehen, benetzt das eine die ganze Seele mit dem Schweiß der Scham und des Erschreckens, das andere hat kaum den Schmerz verwunden, den Zaum und Sturz verursachten, und sich kaum erholt, so beginnt es voller Zorn zu schmähen und den Führer und sein Mitgespann auf alle Weise schlecht zu machen, als hätten sie aus Feigheit und Unmännlichkeit Pflicht und Versprechen vergessen, und es drängt sie wieder, gegen ihren Willen hinzugehen, und kaum gibt es ihren Bitten nach, es auf später zu verschieben. Kommt aber die festgesetzte Zeit, so erinnert es jene, die sich stellen, als dächten sie nicht mehr daran, es braucht Gewalt, es wiehert, es reißt sie mit sich fort und zwingt sie, wieder mit denselben Worten, dem Geliebten zu nahen. Und wenn sie nicht mehr fern sind, beugt es sich vornüber, sträubt den Schweif, beißt in den Zügel und zieht sie schamlos weiter. Der Führer aber, von derselben Leidenschaft nur noch heftiger erfaßt, beugt sich wie an den Schranken rückwärts, zieht noch gewaltsamer dem wilden Rosse den Zaum aus dem Gebiß nach hinten, so daß ihm die schmähsüchtige Zunge und die Backen bluten, und zwingt seine Schenkel und Hüften zu Boden und läßt es so büßen. Hat nun das böse Roß mehrmals dies erlitten und die Wildheit abgelegt, so folgt es schon gedemütigt des Führers Überlegung und vergeht vor Furcht, wenn es den Schönen sieht. So geschieht es endlich, daß die Seele des Liebenden verschämt und schüchtern dem Geliebten folgt.

## 36

Da nun dieser einem Gotte gleich auf jede Art verehrt wird, von einem, der die Liebe nicht nur scheinbar, sondern wahrhaft an sich erfahren hat, und da er selbst in seinem Wesen dem Verehrer Freund ist, so bringen ihn allmählich seine Jugend und die Macht der Notwendigkeit dahin, ihm den Umgang zu gestatten – auch wenn er ehedem von den Gefährten oder von anderen, die den Verkehr mit einem Liebenden für schimpflich erklärten, gegen diesen eingenommen war und ihn deshalb abwies. Denn nimmer ist es vom Geschick bestimmt, daß ein Schlechter einem Schlechten Freund und ein Guter einem Guten nicht Freund sei. Läßt er ihn aber zu sich, und verstattet ihm Gespräch und Umgang, so setzt die Zuneigung des Liebenden den Geliebten in Entzücken; denn bald wird er inne, daß alle seine anderen Freunde und Angehörigen zusammen ihm so gut wie keine Freundschaft geben im Vergleich zu seinem gottbeseelten Freunde. Und wenn er eine Zeitlang so verfährt und auf den Ringplätzen und bei andern Anlässen dem Geliebten nahe kommt, dann wird die Quelle jenes Stromes, den Zeus den Liebreiz nannte, in Fülle dem Liebenden zugeleitet und teils dringt sie in ihn ein, teils fließt sie außen wieder ab, wenn er schon ganz davon erfüllt ist. Und wie ein Wind oder ein Schall von glatten und starren Körpern abprallt und wieder an den Ausgang zurückgetrieben wird, so fließt auch der Strom der Schönheit wieder in den Schönen, durch die Augen, wo er den natürlichen Eingang zur Seele hat. Und hier öffnet er die Ausgänge des Gefieders, feuchtet sie an und fördert so sein Wachstum und erfüllt auch des Geliebten Seele mit Liebe. Er liebt also – wen aber, weiß er nicht, und weder weiß er, was ihm widerfahren, noch vermag er es zu sagen, sondern wie einer, der von einem andern eine Augenkrankheit überkommen hat, vermag er keine Ursache angzugeben; denn daß er wie in einem Spiegel im Liebenden sich selbst erblickt, ist ihm verborgen. Und wenn nun jener gegenwärtig ist, so fühlt auch er, wie jener, keine Schmerzen; doch wenn er fern ist, so sehnt er sich, wie er ersehnt wird: Er trägt in sich das Schattenbild der Liebe, die Gegenliebe. Er sagt und meint aber, es sei nicht Liebe, sondern Freundschaft. Doch wünscht er ebenso wie jener, nur minder heftig, ihn zu sehen, zu berühren, zu umarmen, neben ihm zu liegen, und also, wie ja zu erwarten, tut er bald auch alles dieses. Beim Zusammenliegen nun hat das zügellose Roß des Liebenden dem Führer viel zu sagen und verlangt für viele Mühsale ein wenig Genuß; das des Geliebten hat zwar nichts zu sagen, aber voll brünstigen und ratlosen Verlangens umarmt es den Liebenden und küßt und liebkost ihn als den besten Freund, und wenn sie zusammenliegen, vermöchte es für seinen Teil sich nicht zu weigern, ihm zu willfahren, wenn er darum bäte. Der Gespanngenosse aber und der Führer sträuben sich dagegen aus Scham und Vernunft.

## 37

Und nun, wenn das bessere Denken siegt, das zu geordnetem Wandel und zum Streben nach Weisheit leitet, so führen sie auf Erden schon ein seliges und einträchtiges Leben in Selbstbeherrschung und innerer Zucht, da sie den Teil bezwungen haben in der Seele, dem das Schlechte, und den befreit haben, dem das Vortreffliche innewohnt. Nach ihrem Tode aber sind sie geflügelt und ganz leicht geworden und haben schon in einem der drei wahrhaft olympischen Kampfgänge gesiegt: ein Glück, so groß, daß weder menschliche Besonnenheit noch göttlicher Wahnsinn es dem Menschen schaffen könnte. Wenn sie aber einen minder edlen und unphilosophischen, doch aber ehrliebenden Wandel führen, so finden wohl leicht einmal im Zustand der Trunkenheit oder einer anderen Unaufmerksamkeit die beiden zügellosen Rosse die Seelen unbewacht und führen sie zusammen in *einem* Wunsche, fassen den von der Menge als das Seligste gepriesenen Entschluß und führen ihn auch aus. Und was sie einmal ausgeführt, wiederholen sie auch in der Folge, aber selten, weil sie ja etwas tun, das nicht die Zustimmung der ganzen Seele hat. Auch diese also leben, einander fremd, wenn auch so innig nicht wie jene, solange ihre Liebe dauert und auch später, im Glauben, daß sie die größten Pfänder einander gegeben und voneinander angenommen haben und daß es frevelhaft sei, diese jemals wieder einzulösen und dadurch in Feinschaft zu geraten. Im Sterben aber gehn sie zwar noch ungeflügelt, aber doch schon mit dem Trieb nach Flügeln aus dem Körper, so daß sie nicht geringen Lohn für ihren Liebeswahnsinn davontragen. Denn in die Finsternis und auf den unterirdischen Pfad zu kommen, ist denen nicht bestimmt, die schon den Himmelspfad betreten haben, sondern ein lichtes Leben zu führen und glücklich zu sein, miteinander wandelnd, und um der Liebe willen zugleich die Flügel zu empfangen, wenn es soweit ist.

## 38

Diese Vorzüge, Knabe, so groß und so göttlich, wird die Freundschaft des Liebenden dir schaffen. Die Vertraulichkeit des Nichtliebenden aber, die, mit irdischer Besonnenheit gepaart, nur Sterbliches und Spärliches vergibt, erzeugt in der geliebten Seele die niedrige Gesinnung, die von der Menge als Vortrefflichkeit gepriesen wird, und sie bewirkt, daß sie neuntausend Jahre auf der Erde sich umhertreibe und vernunftlos unter der Erde.

Dies, geliebter Eros, ist der Widerruf, den wir, so gut und schön wir konnten, dir geboten und als Schuld entrichtet haben, und der notgedrungen, des Phaidros wegen, da und dort und besonders auch im Ausdruck etwas dichterisch gehalten werden mußte. Und möchtest du der Rede von vorhin Verzeihung, dieser aber deinen Beifall schenken und günstig und gnädig die Liebeskunst, die du mir verliehen hast, im Zorn weder nehmen noch schmälern. Verleih mir vielmehr, noch mehr als jetzt, den Schönen wert zu sein! Wenn wir aber, Phaidros und ich, in der Rede vorhin etwas Mißfälliges gesagt haben, so rechne es dem Lysias zu, dem Vater dieser Rede, und laß ihn solcher Reden sich enthalten und sich der Philosophie zuwenden, was ja sein Bruder Polemarchos schon getan hat, damit auch dieser sein Verehrer hier nicht länger schwanke wie jetzt, sondern sein Leben lediglich dem Eros, mit philosophischen Reden, widme.

## 39

*Phaidros:* Ich bete mit dir, Sokrates, daß dies geschehen möge, wenn anders es für uns besser ist. Deine Rede aber habe ich schon lang bewundert, wie viel schöner als die erste sie geraten ist. Ich fürchte, daß Lysias mir immer als gering erscheinen werde, selbst wenn er Lust bekommen sollte, dieser Rede eine andere gegenüberzustellen. Auch hat ihm neulich, du Bewundernswerter, einer von unsern Staatsmännern dies in einer Schmährede vorgeworfen und ihn die ganze Rede hindurch den Redenschreiber genannt. Möglich also, daß er sich aus Empfindlichkeit des Schreibens für uns ganz enthält.

*Sokrates:* Da vertrittst die eine lächerliche Meinung, junger Mann, und du irrst dich sehr in deinem Freund, wenn du ihn für so schreckhaft hältst. Vielleicht aber glaubst du gar, der Mann, der ihm den Vorwurf machte, habe es auch so gemeint, wie er es sagte?

*Phaidros:* Das, Sokrates, war offenbar der Fall. Auch weißt du ja so gut wie ich, daß überall die mächtigsten und vornehmsten Männer im Staate sich schämen, Reden zu schreiben und Schriften von sich zu hinterlassen, aus Furcht vor dem Urteil der Folgezeit, daß man sie Sophisten nennen möge.

*Sokrates:* Dir ist entgangen, Phaidros, daß der süße Arm des Nils vom herben seinen Namen hat, und – vom Arme abgesehen – dir entgeht, daß die Staatsmänner, die am meisten von sich halten, es auch am meisten lieben, Reden zu schreiben und Schriftwerke zu hinterlassen; sie sind ja, wenn sie eine Rede geschrieben haben, dermaßen ihren Lobrednern zugetan, daß sie die Namen derer, von denen sie jeweils gelobt werden, gleich zu Anfang beischreiben.

*Phaidros:* Wie meinst du das? Ich verstehe es nämlich nicht.

*Sokrates:* Du verstehst nicht, daß in der Schrift eines Staatsmannes zuerst sein Lobredner genannt ist?

*Phaidros:* Wieso?

*Sokrates:* Es hat gefallen, sagt er etwa, dem Rate oder dem Volke oder beiden, und der und der hat vorgeschlagen, womit der Schriftsteller sein Ich sehr ehrenvoll erwähnt und lobt. Erst dann redet er weiter, stellt seine Weisheit den Lobrednern zur Schau und verfaßt bisweilen eine gar lange Schrift. Oder hältst du ein solches Werk für etwas anderes als eine schriftlich abgefaßte Rede?

*Phaidros:* Keineswegs.

*Sokrates:* Und nicht wahr, wenn es bei dem Antrag bleibt, so geht der Redner fröhlich von der Bühne; doch wenn er abgelehnt wird und es also nichts ist mit dem Redenschreiben und der Würde eines Schriftverfassers, dann trauert er mit seinen Freunden?

*Phaidros:* Und das gar sehr.

*Sokrates:* Und doch wohl nicht, weil sie ihr Geschäft gering achten, sondern weil sie voll Bewunderung dafür sind?

*Phaidros:* Ganz gewiß.

*Sokrates:* Wie aber, wenn ein Redner oder König von dem Ansehen des Lykurgos oder Solon oder Dareios es dahin bringt, ein unsterblicher Redenschreiber in seinem Staat zu werden – hält er sich da nicht selber schon bei Lebzeiten für göttergleich, und die nach ihm Kommenden, denken sie nicht ebenso von ihm, wenn sie seine Schriften ansehen?

*Phaidros:* Allerdings.

*Sokrates:* Glaubst du nun, daß einer von diesen, wer es auch sei, und wie sehr dem Lysias abgeneigt, ihm grade dies zum Vorwurf machen werde, daß er Reden schreibe?

*Phaidros:* Das ist nicht eben wahrscheinlich, nach deinen Worten; er müßte dann ja, scheint mir, seine eigene Neigung tadeln.

## 40

*Sokrates:* Das also ist wohl jedem klar, daß es an sich nicht schimpflich ist, Reden zu schreiben.

*Phaidros:* Allerdings.

*Sokrates:* Aber das, glaube ich, ist bereits schimpflich, nicht schön zu reden oder auch zu schreiben, sondern häßlich und schlecht?

*Phaidros:* Offenbar.

*Sokrates:* Wie verfährt man aber, wenn man schön schreibt oder unschön? Sollen wir den Lysias deshalb fragen und den einen oder andern, der sonst jemals etwas geschrieben hat oder schreiben wird, es sei nun eine Staatsschrift oder eine eigene, und in Versen, wie ein Dichter, oder in ungebundener Rede, wie ein Prosaiker?

*Phaidros:* Du fragst, ob wir sollen? Weshalb, so möchte man fast fragen, wäre man denn auf der Welt, wenn nicht solcher Genüsse halber? Doch wohl nicht um jener willen, bei denen man erst Unlust empfinden muß oder überhaupt keine Lust empfindet, was bei allen sinnlichen Vergnügungen der Fall ist; daher sie auch mit Recht als knechtisch bezeichnet werden.

*Sokrates:* Muße haben wir ja, wie es scheint. Zugleich kommt es mir vor, als ob auch die Zikaden, wie sie in der Hitze pflegen, über unsern Häuptern singen und sich unterhalten und dabei auf uns herabschauen. Wenn sie nun sähen, daß auch wir beide, gerade wie die meisten Menschen, in der Mittagsstunde uns nicht unterreden, sondern in Geistesträgheit träumen und uns von ihnen in den Schlaf singen lassen, so möchten sie mit Recht über uns spotten und denken, ein paar Knechte seien zu ihnen an den Ruheplatz gekommen, um wie Schafe an der Quelle Mittag zu halten und zu schlafen. Wenn sie aber sähen, daß wir im Gespräch begriffen und nicht bezaubert sind, sondern an ihnen wie an den Sirenen vorüberfahren, dann werden sie vielleicht zufrieden sein und uns zuteil werden lassen, was sie von den Göttern als Geschenk für die Menschen erhalten haben.

## 41

*Phaidros:* Was für eines haben sie erhalten? Ich muß nie davon gehört haben.

*Sokrates:* Einem Musenfreunde steht es nicht wohl an, von solchen Dingen nicht gehört zu haben. Man sagt, die Zikaden seien Menschen gewesen, vor der Zeit der Musen. Nach der Geburt der Musen aber, als der Gesang erschien, da gerieten einige der damals Lebenden in so freudige Erregung, daß sie singend Speise und Trank vergaßen und, ohne es selbst inne zu werden, dahinstarben. Aus ihnen nun erwächst seitdem das Geschlecht der Zikaden, das von den Musen dies als Geschenk empfing, daß sie von Geburt an keine Nahrung brauchen, sondern ohne Speise und Trank sogleich singen, bis sie sterben, dann aber zu den Musen kommen und ihnen verkünden, wer hier auf Erden eine von ihnen verehrt. Der Terpsichore nennen sie die, die sie in Chören verehren, und machen sie ihr teuer, der Erato jene, die sie in Liebesgesängen feiern, und so den andern, je nach der Art ihrer Verehrung. Der ältesten aber, Kalliope, und der nach ihr kommenden Urania, nennen sie die Menschen, die philosophisch leben und ihre Art der Kunst pflegen; denn von den Musen sind vornehmlich diese beiden über den Himmel gesetzt und über göttliche und menschliche Reden und lassen den schönsten Gesang ertönen. Aus vielen Gründen also müssen wir etwas reden und nicht schlafen in der Mittagszeit.

*Phaidros:* Wir müssen also reden.

42

*Sokrates:* Nicht wahr: was wir uns eben vorgenommen haben, zu untersuchen, wie man es zu halten hat, um eine Rede schön zu sprechen und zu schreiben, und wie nicht – das soll untersucht werden?

*Phaidros:* Gewiß.

*Sokrates:* Und wenn nun etwas gut und schön gesprochen werden solle, muß der Verstand des Redenden dann nicht das Wahre von dem wissen, über das er reden will?

*Phaidros:* Davon, lieber Sokrates, habe ich dies gehört: Wer ein Redner werden wolle, brauche nicht unbedingt zu lernen, was wahrhaft gerecht ist, sondern nur, was der Menge, die zu richten habe, so erscheint, und ebenso auch nicht, was wahrhaft gut oder schön ist, sondern nur, was den Eindruck davon machen kann; denn darauf gründe sich das Überreden, nicht aber auf die Wahrheit.

*Sokrates:* Nimmer fürwahr ein verwerfliches Wort soll es sein, Phaidros, was die Weisen gesprochen haben, sondern es gilt zu untersuchen, ob sie damit wirklich etwas sagen. So wollen wir also auch das eben Gesagte nicht beiseite lassen.

*Phaidros:* Ganz recht.

*Sokrates:* Betrachten wir es also so.

*Phaidros:* Wie?

*Sokrates:* Wenn ich dich überreden wollte, dir ein Pferd zu kaufen, um die Feinde abzuwehren, wir kennten aber beide kein Pferd, sondern nur soviel wüßte ich von dir, daß Phaidros jenes Haustier für ein Pferd hält, das die längsten Ohren hat...

*Phaidros:* Das wäre lächerlich, Sokrates.

*Sokrates:* Das noch nicht, aber wenn ich dich nun im Ernst bereden wollte und eine Rede abfaßte, ein Lob auf den Esel, den ich als Pferd bezeichnen und zeigen wollte, wie wertvoll dieses Vieh im Frieden und im Kriege sei, brauchbar, um von ihm herab zu kämpfen, und geeignet, das Gepäck zu tragen und zu vielen andern Dingen nützlich...

*Phaidros:* Das wäre nun schon über alle Maßen lächerlich.

*Sokrates:* Aber – ist es nicht besser, lächerlich zu sein, als arg und feindselig?

*Phaidros:* Offenbar.

*Sokrates:* Wenn nun der Redekünstler ohne Wissen um gut und schlecht eine nicht minder unwissende Gemeinde vor sich hat und sie zu überreden sucht – er preist nicht etwa einen Esel als Pferd, sondern ein Übel als ein Gut – und wenn er dann die Meinungen der Menge kennenlernt und sie überredet, Schlechtes zu tun statt Gutes – was für eine Frucht glaubst du, wird dann die Redekunst wohl ernten, von dem, was sie gesät?

*Phaidros:* Eben keine sonderliche.

## 43

*Sokrates:* Vielleicht aber haben wir, mein Guter, derber als sich ziemt, die Kunst der Reden gelästert? Sie könnte vielleicht sagen: Was schwatzt ihr Wunderlichen doch durcheinander! Ich zwinge ja keinen, der die Wahrheit noch nicht kennt, das Reden zu erlernen, sondern, gilt mein Rat etwas, so nimmt, wer jene erfaßt hat, dann auch mich dazu. Das aber behaupte ich stolz, daß ohne mich auch einer, der das Wahre kennt, nicht imstande sein werde, kunstgerecht zu überreden. Hätte sie nun damit nicht ganz recht?

*Phaidros:* Ja.

*Sokrates:* Wenn nur die nachkommenden Reden ihr bezeugen, daß sie eine Kunst ist! Denn mir ist, ich hörte einige herbeikommen und behaupten, daß sie lügt und daß sie keine Kunst ist, sondern ein ganz kunstloses Handwerk.

*Phaidros:* Diese Reden brauchen wir, Sokrates, bringe sie zur Stelle und frage sie aus, was und wie sie es meinen.

*Sokrates:* Kommt also her, ihr zierlichen Geschöpfe, und überzeugt den Phaidros, den Vater schöner Kinder: Er wird niemals gründlich über irgend etwas reden können, wenn er nicht gründlich philosophiert.

*Phaidros:* Fragt nur.

*Sokrates:* Nun also, sollte nicht die Redekunst im allgemeinen eine Art von Seelenleitung sein, durch Reden, nicht nur bei den Gerichten und was es sonst für öffentliche Versammlungen gibt, sondern auch im gemeinen Leben, und bleibt sie sich nicht immer gleich in kleinen wie in großen Dingen, und ihre rechte Übung, hat sie nicht immer den gleichen Wert bei wichtigen und auch bei unbedeutenden Gelegenheiten? Oder wie hast du dies gehört?

*Phaidros:* Beim Zeus, dies überhaupt nicht; sondern eigentlich wird nur bei Gerichtsverhandlungen kunstgerecht gesprochen und geschrieben, gesprochen aber auch in Volksversammlungen. Weiter aber habe ich nichts gehört.

*Sokrates:* Hast du denn nur von des Nestor und Odysseus Anweisungen zur Redekunst gehört, die sie vor Ilion müßigerweile aufgezeichnet haben, von der des Palamedes aber nicht?

*Phaidros:* Wahrhaftig, beim Zeus, auch nicht von denen Nestors, wenn du nicht den Gorgias zu Nestor machen willst oder einen Thrasymachos und einen Theodoros zu Odysseus.

## 44

*Sokrates:* Vielleicht, doch diese wollen wir nun lassen. Du aber sag, was bei den Gerichten die streitenden Parteien tun! Sie reden doch wohl gegeneinander? Oder wie sollen wir das nennen?

*Phaidros:* Gerade so.

*Sokrates:* Über Recht und Unrecht?

*Phaidros:* Ja.

*Sokrates:* Wer nun dies kunstgerecht tut – wird er nicht erreichen, daß dieselbe Sache ein und denselben Menschen jetzt als Recht erscheint, und, wenn er will, auch wieder als Unrecht?

*Phaidros:* Wie anders?

*Sokrates:* Und in den Volksversammlungen, daß ein und dasselbe dem Staate bald gut dünkt, bald wieder nicht?

*Phaidros:* So ist's.

*Sokrates:* Und wissen wir nicht, daß der eleatische Palamedes so kunstgerecht redet, daß den Hörern ein und dasselbe als ähnlich und unähnlich erscheint, als eines und vieles, als ruhig und bewegt?

*Phaidros:* Allerdings.

*Sokrates:* Also nicht allein für die Gerichte gilt die Kunst des Gegenredens und für die Volksversammlung, sondern, wie es scheint, gibt es für alles, was geredet wird, wenn überhaupt eine, nur diese eine Kunst, durch die jemand imstande sein wird, jedes Ding mit jedem möglichen und auf jede mögliche Weise zu verähnlichen, und was ein anderer verähnlicht und verbirgt, ans Licht zu bringen.

*Phaidros:* Wie meinst du das eigentlich?

*Sokrates:* »Klar wird's also den Suchenden, glaub ich«: Entsteht Täuschung eher bei dem, was viel, oder bei dem, was wenig voneinander verschieden ist?

*Phaidros:* Bei dem, was wenig verschieden ist.

*Sokrates:* Du wirst aber doch durch kleine Übergänge leichter unvermerkt zum Gegenteil gelangen als durch große.

*Phaidros:* Warum auch nicht?

*Sokrates:* Wer also einen andern täuschen will, ohne selbst getäuscht zu werden, muß die Ähnlichkeit der Dinge und ihre Unähnlichkeit genau kennen.

*Phaidros:* Allerdings.

*Sokrates:* Wird er aber wohl imstande sein, wenn er nicht das wahre Wesen eines jeden Dinges kennt, die kleine oder große Ähnlichkeit des Nichtgekannten mit den andern Dingen festzustellen?

*Phaidros:* Unmöglich.

*Sokrates:* Und nicht wahr, bei denen, die sich etwas anders vorstellen, als es ist, und sich täuschen, hat sich diese falsche Meinung offenbar durch irgendwelche Ähnlichkeiten eingeschlichen?

*Phaidros:* Das mag wohl sein.

*Sokrates:* Könnte nun einer wohl die Kunstfertigkeit besitzen, durch Ähnlichkeiten allmählich vom Wahren zum Gegenteil hinüberzuleiten oder sich selbst davor zu hüten, wenn er nicht das Wesen der Dinge kennt?

*Phaidros:* Niemals.

*Sokrates:* Wer also nicht die Wahrheit kennt und nur Meinungen erjagt hat, der, mein Lieber, wird, wie es scheint, eine gar lächerliche und kunstlose Redekunst zustande bringen.

*Phaidros:* So wird's wohl sein.

## 45

*Sokrates:* Willst du nun in des Lysias Rede, die du bei dir hast, und in denen, die wir gehalten haben, das Kunstlose und das Kunstgerechte sehen?

*Phaidros:* Sehr gern, zumal wir jetzt so leer dahinreden, ohne hinreichende Belege.

*Sokrates:* Wie gut also, daß diese beiden Reden gehalten wurden! Sie geben ja ein Beispiel, wie einer, der das Wahre kennt, seine Zuhörer spielend irreleiten kann. Und ich, Phaidros, schreibe dies den hier wohnenden Göttern zu. Vielleicht auch, daß die Sendboten der Musen, die Sänger über unsern Häuptern, uns diese Gabe eingehaucht haben. Ich wenigstens verstehe mich durchaus nicht auf irgendeine Kunst der Rede.

*Phaidros:* Mag sein, wie du sagst; nur mach es deutlicher, was du meinst.

*Sokrates:* So komm denn und lies den Anfang der Rede des Lysias.

*Phaidros:* »Über meine Angelegenheiten bist du nun unterrichtet, und daß es meiner Meinung nach uns zuträglich sein wird, wenn dies geschieht, hast du gehört. Ich möchte aber nicht etwa deshalb eine Fehlbitte tun, weil ich nicht zu deinen Liebhabern gehöre. Denn eben diese bereuen ja gewöhnlich...«

*Sokrates:* Genug! Es soll nun also nachgewiesen werden, was für einen Fehler Lysias begeht und worin er kunstlos verfährt, nicht wahr?

*Phaidros:* Ja.

## 46

*Sokrates:* Nun also: ist nicht jedem klar, daß wir über einiges der Art der gleichen, über anderes verschiedener Meinung sind?

*Phaidros:* Ich glaube zu verstehen, was du meinst; aber sage es noch etwas deutlicher.

*Sokrates:* Wenn jemand das Wort »Eisen« oder »Silber« sagt – denken wir dabei nicht alle ganz dasselbe?

*Phaidros:* Gewiß.

*Sokrates:* Wie aber, wenn er »gerecht« sagt oder »gut«? Stellt sich da nicht der eine dies, der andere jenes vor, und sind wir nicht deshalb im Zweifel untereinander und mit uns selbst?

*Phaidros:* Allerdings.

*Sokrates:* In einigem also stimmen wir überein, in anderem nicht.

*Phaidros:* So ist's.

*Sokrates:* In welchem Fall aber von beiden sind wir leichter zu täuschen und in welchem vermag die Redekunst mehr?

*Phaidros:* Offenbar, da, wo wir schwanken.

*Sokrates:* Wer sich also mit der Redekunst befassen will, muß vorerst diese beiden ordnungsmäßig trennen und sich eines Merkmals beider Gattungen bemächtigen, jener, bei der die Menge schwanken muß, und jener, bei der das nicht der Fall ist.

*Phaidros:* Einen schönen Begriff, Sokrates, hätte der erdacht, der dies erfaßte.

*Sokrates:* Sodann, glaube ich, darf er in jedem Fall den Gegenstand nicht unbeachtet lassen, sondern muß ihn genau ins Auge fassen, über den er reden will – welcher von beiden Gattungen er zugehört.

*Phaidros:* Wie anders?

*Sokrates:* Wie nun? Die Liebe, soll sie zu den zweifelhaften Dingen zählen oder nicht?

*Phaidros:* Zu den zweifelhaften, sicherlich! Oder glaubst du, sie hätte dich sonst sagen lassen, was du eben von ihr sagtest, erst, daß sie ein Verderben für den Geliebten und den Liebenden, und dann wieder, daß sie das größte unter allen Gütern sei?

*Sokrates:* Sehr richtig. Aber sage mir auch dies – ich kann mich nämlich infolge der Begeisterung, in der ich war, nicht genau besinnen –, ob ich die Liebe erklärt habe im Anfang meiner Rede.

*Phaidros:* Ja, beim Zeus, unübertrefflich gut!

*Sokrates:* Sieh da! Wieviel kunstreicher in Reden sind nach deinen Worten die Nymphen des Acheloos und Pan, der Sohn des Hermes, als Lysias, der Sohn des Kephalos! Oder ist es nichtig, was ich sage, und hat auch Lysias im Anfang seiner Liebesrede uns genötigt, die Liebe als *ein* bestimmtes Wesen, wie er selbst es wollte, aufzufassen und danach die ganze weitere Rede angeordnet? Willst du, daß wir den Anfang noch einmal lesen?

*Phaidros:* Wenn du meinst; aber was du suchst, steht nicht darin.

*Sokrates:* Lies nur, damit ich ihn selbst höre.

## 47

*Phaidros:* »Über meine Angelegenheiten bist du nun unterrichtet, und daß es meiner Meinung nach uns zuträglich sein wird, wenn dies geschieht, hast du gehört. Ich möchte aber nicht etwa deshalb eine Fehlbitte tun, weil ich nicht zu deinen Liebhabern gehöre. Denn eben diese bereuen ja gewöhnlich, was sie Gutes getan, sobald ihre Begierde befriedigt ist.«

*Sokrates:* Wie es scheint, ist Lysias wahrlich weit davon entfernt, das zu leisten, was wir suchen, da er nicht einmal vom Anfang, sondern vom Ende an rückwärts die Rede zu durchschwimmen sucht und mit dem beginnt, was der Liebende erst am Ende seiner Rede dem Geliebten sagen könnte. Oder es ist nichtig, was ich sage, Phaidros, teures Haupt?

*Phaidros:* Freilich ist das wohl nur das Ende, Sokrates, worüber er seine Rede hält.

*Sokrates:* Wie steht es aber mit dem übrigen? Scheint nicht alles in der Rede planlos durcheinandergeworfen zu sein? Oder ist deutlich, daß das Zweite aus irgendeinem Grunde gerade das Zweite hat sein müssen oder irgendeines von den folgenden Stücken zu Recht an seiner Stelle stehe? Mir nämlich, der ich freilich nichts davon verstehe, kommt es so vor, als habe der Schreiber ziemlich dreist gesagt, was ihm eben einfiel. Oder kennst du vielleicht eine von der Redekunst gebotene Notwendigkeit, warum der Mann seine Sätze gerade in dieser Ordnung aneinandergereiht hat?

*Phaidros:* Du bist recht gütig, mir zuzutrauen, ich könnte seine Rede so genau beurteilen.

*Sokrates:* Aber das wirst du, glaube ich, wohl zugeben, daß jede Rede wie ein Lebewesen aufgebaut sein und gewissermaßen ihren Körper haben muß, so daß sie weder ohne Kopf noch ohne Fuß ist, sondern eine Mitte hat und Enden, die unter sich und zu dem Ganzen im schicklichen Verhältnis stehen?

*Phaidros:* Warum denn nicht?

*Sokrates:* Nun sieh zu, ob sich's mit deines Freundes Rede so oder anders verhält. Du wirst sie in nichts verschieden finden von der Inschrift, die, wie einige sagen, auf dem Grab des Phrygiers Midas stehen soll.

*Phaidros:* Was für eine ist das und was ist's mit ihr?

*Sokrates:* Es ist diese:

»Eherne Jungfrau bin ich und lieg' auf dem Grabe des Midas,
Bis kein Wasser mehr fließt noch erblühn hochstämmige Bäume,
Weile ich hier an dem von Tränen befeuchteten Hügel,
Daß auch der Wanderer wisse, wo Midas liege begraben.«

Daß es dabei keinen Unterschied macht, was man zuerst und zuletzt liest, merkst du wohl.

*Phaidros:* Du treibst deinen Spott mit unserer Rede, Sokrates.

48

*Sokrates:* So wollen wir sie lassen, damit du nicht verdrießlich wirst – es scheint mir freilich, als enthalte sie noch manche Beispiele, die man mit großem Nutzen betrachten kann: Man wird auf keinen Fall versuchen, sie nachzuahmen; wir wollen zu den andern Reden übergehen. Denn es war in ihnen etwas, meine ich, das einer beachten sollte, der über die Redekunst nachdenken will.

*Phaidros:* Was meinst du denn?

*Sokrates:* Sie waren doch einander entgegengesetzt. Denn die eine behauptete, man müsse dem Verliebten, die andere, man müsse dem Nichtverliebten gefällig sein.

*Phaidros:* Und auf ganz entschiedene Weise.

*Sokrates:* Ich dachte, du würdest der Wahrheit gemäß sagen, auf ganz wahnsinnige Weise. Worauf ich aber kommen wollte, das ist eben dies. Wir sagten doch, die Liebe sei eine Art von Wahnsinn, nicht wahr?

*Phaidros:* Ja.

*Sokrates:* Und vom Wahnsinn gebe es zwei Arten. Die eine entstehe aus menschlichen Krankheiten, die andere aus göttlicher Veränderung des gewöhnlichen, ordentlichen Zustandes.

*Phaidros:* So war es.

*Sokrates:* Den göttlichen Wahnsinn aber teilten wir nach vier Göttern in vier Teile und eigneten den weissagenden Wahnsinn dem Apollon zu, den der Weihen dem Dionysos, den dichterischen den Musen, den vierten aber der Aphrodite und dem Eros, und den Wahnsinn der Liebe nannten wir den besten. Und ferner stellten wir den Zustand der Liebe, ich weiß nicht unter welchem Bilde, dar; vielleicht trafen wir etwas Richtiges dabei, vielleicht aber schweiften wir auch in anderer Richtung vom Wahren ab, brauten eine durchaus nicht unglaubhafte Rede zusammen und besangen in einem mythischen Hymnos maßvoll und fromm deinen und meinen Herrn, den Eros, den Beschützer schöner Knaben.

*Phaidros:* Und gar nicht ungern hörte ich ihn.

49

*Sokrates:* Greifen wir nun dies heraus, wie die Rede den Übergang vom Lobe zum Tadel fand.

*Phaidros:* Wie meinst du das?

*Sokrates:* Mir scheint alles andere nur im Scherz gesprochen. Was aber die Formen angeht, die den beiden Reden glücklich eigneten, so wäre es nicht ohne Reiz, ihre Bedeutung kunstgerecht zu erfassen.

*Phaidros:* Welche denn?

*Sokrates:* Das vielfach Zerstreute zu einer Sicht in der Zusammenschau zu führen, um jedes genau zu bestimmen und deutlich zu machen, worüber man jedesmal belehren will, so wie wir eben das Wesen der Liebe bestimmt und dann vielleicht gut, vielleicht auch schlecht davon gesprochen haben. Daher hatte unsere Rede die Deutlichkeit im Ausdruck und die Übereinstimmung mit sich selbst.

*Phaidros:* Die andere Form aber – welche meinst du, Sokrates?

*Sokrates:* Das Vermögen, umgekehrt den Gegenstand in seine Unterarten zu zerlegen, gliederweise, wie er gewachsen ist, ohne nach Art und Weise eines schlechten Koches irgend ein Stück zu zerbrechen. Sondern, wie eben die beiden Reden das Unvernünftige des Denkens ungeschieden als *eine* Art auffaßten, wie aber aus *einem* Leibe Zweifaches und Gleichbenanntes hervorgewachsen ist, das sogenannte Rechte und Linke, ebenso sahen die Reden die Sinnesart der Unvernunft als eine von Natur in uns gewachsene Gattung an. Und die eine schnitt sich das Linke ab und zerlegte es unaufhörlich weiter, bis sie eine sogenannte linke Liebe darin fand, die sie mit vollem Rechte tadelte. Die andere aber, die uns auf die rechte Seite des Wahnsinns führte, fand eine Liebe gleichen Namens, aber göttlicher Art darin und pries sie als die Quelle unserer höchsten Güter.

*Phaidros:* Vollkommen richtig.

## 50

*Sokrates:* Diese Dinge schätze ich nun sehr, mein lieber Phaidros, diese Einteilungen und Zusammenfassungen, um reden und denken zu können, und wenn ich einen andern für fähig halte, zu sagen, was in eins gewachsen ist und in vieles, so folge ich ihm »wie eines Unsterblichen Spur«. Ob ich aber jene, die diese Fähigkeit besitzen, richtig oder falsch bezeichne, mag Gott wissen, ich nenne sie aber bis jetzt Dialektiker. Doch nun sage mir, wie man die nennen soll, die von dir und Lysias gelernt haben. Oder ist eben dies die Redekunst, die Thrasymachos und die andern übten und durch die sie selbst Künstler im Reden geworden sind und auch andere dazu machen, die ihnen wie Könige Geschenke bringen wollen?

*Phaidros:* Königliche Männer sind sie wohl, nicht aber dessen kundig, wonach du fragst. Doch benennst du, scheint mir, jene Art ganz richtig Dialektik; die Rhetorik aber ist uns anscheinend bis jetzt entgangen.

*Sokrates:* Was sagst du? Das muß ja etwas Schönes sein, was von der Dialektik ausgesondert doch noch kunstgerecht behandelt werden will! Wir wollen es indes nicht ganz entwerten, du und ich, sondern angeben, was eigentlich das ist, was von der Redekunst noch übrig bleibt.

*Phaidros:* Mancherlei, Sokrates, was man in den Büchern über die Redekunst aufgezeichnet findet.

## 51

*Sokrates:* Gut, daß du mich daran erinnerst. Daß man, glaube ich, als erstes zu Beginn der Rede den Eingang sprechen muß – dies meinst du, nicht wahr? Die Feinheiten der Rede?

*Phaidros:* Ja.

*Sokrates:* Zweitens dann die Darstellung des Falles, verbunden mit den Zeugnissen, drittens die Beweise, viertens die Wahrscheinlichkeiten. Und noch von einer Beglaubigung und Nebenbeglaubigung spricht, soviel ich weiß, der vortreffliche Reden-Daidalos, der Mann aus Byzanz.

*Phaidros:* Den wackern Theodoros meinst du?

*Sokrates:* Wen sonst? Und daß man eine Widerlegung und Nebenwiderlegung führen müsse in der Anklage wie in der Verteidigung. Und den trefflichen Euenos aus Paros, der die Untererklärung und das Nebenlob aufgebracht hat, wollen wir nicht erwähnen? Einige sagen, er habe auch den Nebentadel in Verse gebracht, zur Unterstützung des Gedächtnisses; denn er ist ein kluger Mann. Den Teisias aber und den Gorgias wollen wir beiseite lassen, die entdeckt haben, daß das Scheinbare über das Wahre gehe und höher zu bewerten sei, und die, durch die Kraft der Rede, das Kleine groß und das Große klein erscheinen lassen und die vom Neuen auf alte, vom Alten aber auf neue Art sprechen und die erfunden haben, wie man über jeden Gegenstand in gedrängter Kürze und auch in unbegrenzter Breite sprechen kann? Als dies einmal Prodikos von mir hörte, lachte er und sagte, er allein habe gefunden, was für Sätze die Kunst brauche; sie brauche aber weder lange noch kurze, sondern solche, die das rechte Maß halten.

*Phaidros:* Sehr weise, Prodikos!

*Sokrates:* Und von Hippias wollen wir nicht reden? Ich glaube, dieser Fremdling aus Elis stimmte ihm bei.

*Phaidros:* Warum auch nicht?

*Sokrates:* Wie aber sollen wir uns zu des Polos Wortheiligtümern stellen, der Doppelrede und der Denkspruchrede und der Bilderrede, und zu den Wortsammlungen des Likymnios, mit denen er Polos beschenkte, um ihm zum Wohlklang zu verhelfen?

*Phaidros:* Hatte nicht manches dergleichen auch Protagoras?

*Sokrates:* Ein gewisses Geradesprechen, mein Sohn, und noch anderes, vieles und Schönes. Aber in der Kunst kläglich seufzender, auf Alter und Armut gehender Reden hat doch offenbar des Chalkedoniers Kraft das Übergewicht behauptet. Auch die Menge zu erzürnen und wieder die Erzürnten zu bezaubern und zu kirren, war dieser Mann gewaltig, wie er sagte; und wenn es galt, Verleumdungen auszusprechen oder auf irgendeine Weise zu entkräften, war er der erste. Über den Schluß der Rede aber sind sie alle einer Meinung, nur daß ihn einige Zusammenfassung, andere wieder anders nennen.

*Phaidros:* Daß man zum Schluß die Zuhörer an alles Gesagte in kurzem Überblick erinnern soll, das meinst du?

*Sokrates:* Das meine ich; was du aber sonst noch etwa über die Redekunst zu sagen hast...

*Phaidros:* Kleinigkeiten, nicht der Rede wert.

*Sokrates:* Lassen wir die Kleinigkeiten! Aber das wollen wir noch einmal bei Licht genauer ansehen, welche Bedeutung für die Kunst dies alles habe und in welchem Falle.

*Phaidros:* Sehr große Bedeutung, Sokrates, wenigstens in den Volksversammlungen.

*Sokrates:* Da allerdings. Aber, du Trefflicher, sieh zu, ob wohl auch dir das ganze Gewebe so locker scheint wie mir.

*Phaidros:* Weise das nur nach!

## 52

*Sokrates:* Wenn jemand zu deinem Freund Eryximachos oder dessen Vater Akumenos käme und sagte: Ich verstehe mich auf die Anwendung von mancherlei Mitteln, durch die ich den Körper nach meinem Willen erwärmen und auch wieder abkühlen und ebenso, wenn es mir gutdünkt, Erbrechen und Abführen bewirken kann und noch vielerlei dergleichen, und auf Grund dieser Kenntnisse rühme ich mich, ein Arzt zu sein und jeden andern, dem ich nur diese Wissenschaft vermittle, dazu zu machen, was, glaubst du, würden jene wohl darauf erwidern?

*Phaidros:* Sie würden ihn sicherlich fragen, ob er auch wisse, bei wem und wann er alle diese Mittel anwenden müsse und in welchem Grade.

*Sokrates:* Wenn er nun sagte: Keineswegs, sondern ich verlange, daß einer, der es von mir lernt, von selbst imstande ist, zu tun, wonach du fragst.

*Phaidros:* Dann, glaube ich, würde er sagen: Der Mensch ist toll, und weil er in Büchern oder sonstwo einige Mittelchen gefunden hat, glaubt er ein Arzt zu sein, obgleich er nichts von dieser Kunst versteht.

*Sokrates:* Und wie, wenn jemand zum Sophokles oder Euripides käme und sagte, er verstehe, über Geringes ganz lange Reden zu dichten und über Wichtiges ganz kurze, und wenn er wolle, auch klagende und umgekehrt wieder furchtbare und drohende und mehr dergleichen, und, wenn er dieses lehre, glaube er, die tragische Dichtkunst zu lehren?

*Phaidros:* Auch diese, Sokrates, würden wohl jeden auslachen, der die Tragödie für nichts anderes hält als für eine Zusammenstellung dieser einzelnen Stücke, die unter sich und auch zum Ganzen im richtigen Verhältnis stehen.

*Sokrates:* Doch nicht mit groben Worten würden sie, glaube ich, ihn tadeln; sondern wie ein Tonkünstler zu einem, der sich für einen Harmonieverständigen hält, weil er es versteht, eine Saite so hoch und so tief wie möglich anzuschlagen, nicht grob sagen würde: Du erbärmlicher Wicht, du bist verrückt; sondern wie es einem Künstler geziemt, sanfter so: Bester Mann, freilich muß auch das wissen, wer ein Tonkünstler sein will, aber dies hindert nicht, daß dennoch einer, der deine Fähigkeit besitzt, auch nicht das mindeste von der Harmonie versteht; denn du hast nur die Vorkenntnisse, die unbedingt zur Harmonie gehören, aber nicht die Harmonie.

*Phaidros:* Sehr richtig.

*Sokrates:* So würde also auch Sophokles zu jenem, der sich vor ihm rühmte, sagen, er kenne zwar die Vorbedingungen der Tragödie, aber nicht die tragische Kunst, und Akumenos, er kenne zwar die Vorbedingungen der Heilkunde, aber nicht die Heilkunde.

*Phaidros:* Ja, allerdings.

## 53

*Sokrates:* Wie steht es aber nun mit dem süßredenden Adrastos oder gar mit Perikles – wenn sie von den wunderschönen Kunststücken hörten, die wir eben durchgegangen sind, vom Kurzreden und vom Bilderreden und was wir sonst besprochen haben, und es noch einmal genauer bei Licht betrachten wollten, würden sie etwa, ungehalten wie du und ich, in unfeiner Weise ein ungezogenes Wort gegen die sagen, die jene Dinge geschrieben haben und als Redekunst lehren, oder würden sie, verständiger als wir, uns zurechtweisen mit den Worten: Lieber Phaidros und Sokrates, man muß nicht ungehalten sein, sondern nachsichtig, wenn solche, die nicht mit Begriffen umzugehen wissen, nicht imstande sind, das eigentliche Wesen der Redekunst zu bestimmen, wenn sie, dieser Unbeholfenheit zufolge, die Redekunst selbst erfaßt zu haben glauben, obgleich sie nur die nötigen Vorkenntnisse dazu besitzen, und wenn sie eine Unterweisung darin für eine vollkommene Unterweisung in der Redekunst halten, den überzeugenden Vortrag des einzelnen jedoch und die Zusammenstellung zu einem Ganzen für eine Kleinigkeit erachten, die sich ihre Schüler selbst bei ihren Reden verschaffen müßten?

*Phaidros:* Allerdings, Sokrates, scheint es so ungefähr mit der Kunst zu stehen, die diese Männer als Redekunst lehren und schriftlich darstellen und, wie mir scheint, hast du ganz wahr gesprochen. Aber wie kann sich nun jemand die Kunst des wahren und überzeugenden Redners zu eigen machen?

*Sokrates:* Mit dem Können, Phaidros, daß man nämlich ein vollkommener Kämpfer werde, hat es wahrscheinlich, ja vielleicht unbedingt die gleiche Bewandtnis wie mit anderem. Wenn du nämlich von Natur die Anlage zum Redner hast, so wirst du ein berühmter Redner werden, sofern du dir noch Wissen und Übung aneignest. Wenn es dir daran fehlt, so wirst du unvollkommen sein. Was aber an der Sache Kunst ist, das lernt man, wie mir scheint, nicht auf dem Wege, den Lysias und Thrasymachos gehen.

*Phaidros:* Aber auf welchem denn?

*Sokrates:* Perikles, mein Bester, war doch wohl unter allen der größte Meister in der Redekunst.

*Phaidros:* Wieso?

## 54

*Sokrates:* Alle großen Künste bedürfen unter anderem »jenes müßigen und überschwenglichen Geredes über die Natur«. Denn nur hieraus kann das Hochsinnige und allseitig Wirksame entstehen, das sich Perikles zu seinen Naturgaben in so hohem Grad erworben hat. Als er nämlich, meine ich, mit Anaxagoras zusammentraf, einem Manne dieser Art, und, von jener Überschwenglichkeit erfüllt, auf das Wesen der Vernunft und der Unvernunft geleitet wurde, wovon ja Anaxagoras so viele Worte machte, da übertrug er von dorther auf die Redekunst, was ihr von Nutzen war.

*Phaidros:* Wie meinst du das?

*Sokrates:* Mit der Redekunst hat es dieselbe Bewandtnis wie mit der Heilkunst.

*Phaidros:* Wieso?

*Sokrates:* Bei beiden mußt du die Natur genau betrachten, die des Leibes bei der einen, die der Seele bei der andern, willst du nicht nur hergebrachterweise und erfahrungsgemäß, sondern kunstgerecht durch Anwendung von Arznei und Nahrung dem Leibe Gesundheit und Stärkung verschaffen, der Seele aber durch Reden und Sitten die gewünschte Überzeugung und Vortrefflichkeit verleihen.

*Phaidros:* Allem Anschein nach, Sokrates, ist es so.

*Sokrates:* Und glaubst du, die Natur der Seele ohne die des Ganzen richtig begreifen zu können?

*Phaidros:* Wenn man dem Asklepiaden Hippokrates glauben darf, nicht einmal die des Leibes, es sei denn durch dieses Verfahren.

*Sokrates:* Das ist ganz richtig von ihm bemerkt, mein Bester. Wir müssen aber außer dem Hippokrates noch die Vernunft fragen und sehen, ob sie zustimmt.

*Phaidros:* Das gebe ich zu.

## 55

*Sokrates:* So sieh nun zu, was Hippokrates und die wahre Vernunft über die Natur aussagen. Muß man die Natur eines jeden Dinges nicht auf diese Weise zu begreifen suchen: zuerst, ob das, worin wir selbst kunstverständig und fähig sein wollen, andere zu bilden, einfach oder vielgestaltig ist? Sodann, wenn es einfach ist, untersuchen, was für eine Kraft ihm zukommt in der Wirkung auf irgendwelche Dinge und bei der Einwirkung von irgendwelchen Dingen. Hat es aber mehrere Gestalten, so muß man diese aufzählen und, wie vorher bei der einen, so jetzt bei jeder einzelnen zusehen, was sie von Natur bewirken und was sie und wovon sie es erleiden kann.

*Phaidros:* So wird es geschehen müssen.

*Sokrates:* Jedes andere Verfahren würde wohl dem Tappen eines Blinden gleichen. Aber keineswegs darf, wer irgend etwas kunstgerecht betreibt, einem Blinden oder Tauben vergleichbar sein, sondern wer einen anderen das kunstgerechte Reden lehren will, muß ihm offenbar auch die Natur dessen genau zeigen können, wofür er seine Reden berechnen soll. Dies aber ist gewiß die Seele.

*Phaidros:* Was sonst?

*Sokrates:* Auf sie also ist sein ganzes Streben gerichtet; denn in ihr will er Überzeugungen hervorbringen. Nicht wahr?

*Phaidros:* Freilich.

*Sokrates:* Offenbar also muß Thrasymachos und wer sonst mit Fleiß eine Redekunstlehre geben will, zuerst mit aller Genauigkeit sie beschreiben und anschaulich machen, ob sie eines ist und gleichartig oder, gleich dem Körper, vielgestaltig. Denn das heißt, behaupten wir, ihre Natur zeigen.

*Phaidros:* Allerdings.

*Sokrates:* Zum andern, worauf und was sie von Natur bewirkt und was sie leidet und wovon.

*Phaidros:* Ganz gewiß.

*Sokrates:* Drittens, nachdem er dann die Arten der Reden wie auch der Seele und ihre Zustände erörtert, wird er die Ursachen besprechen und dabei jedes jedem anpassen und zeigen, was für eine Seele durch was für Reden und aus welcher Ursache zu überreden oder nicht zu überreden ist.

*Phaidros:* Freilich wäre es wohl so am besten.

*Sokrates:* Nie wenigstens, mein Freund, wird, was auf andere Art gelehrt oder gesprochen wird, kunstgerecht beschrieben und gesprochen werden, weder dies noch etwas anderes. Aber die Verfasser der Redekunstlehren, die du gehört hast, sind heute Schlauköpfe und halten es geheim, daß sie sich trefflich auf die Seelen verstehen. Bevor sie also nicht in dieser Art reden und schreiben, wollen wir uns ja nicht einreden, daß sie kunstgerecht schreiben.

*Phaidros:* In welcher Art denn?

*Sokrates:* Das in bestimmte Worte zu fassen ist nicht leicht; wie man aber schreiben müsse, wenn es möglichst kunstgerecht sein soll, das will ich sagen.

*Phaidros:* So tu es denn.

56

*Sokrates:* Da die Kraft der Rede eine Seelenführung ist, so muß, wer ein Redner werden will, notwendig wissen, wie viele Arten die Seele hat. So und so viele sind es, und sie sind so und so geartet, daher denn auch die Menschen bald so, bald so beschaffen sind. Ist diese Einteilung vorgenommen, so gibt es wieder so und soviel Arten von Reden zu unterscheiden, und so und so ist jede beschaffen. Die einen nun sind mit solchen Reden aus diesem Grunde leicht zu solcherlei zu überreden, die andern wieder aus jenem Grunde schwer. Hat er nun dies gehörig begriffen, so muß er aufpassen, wie es im Leben damit steht und angewendet wird, er muß es scharf beobachten und verfolgen, oder er wird nichts weiter wissen als die Reden, die er seinerzeit gehört hat. Wenn er aber richtig anzugeben weiß, wodurch ein Mensch zu überreden ist, und wenn er fähig ist, ihn zu erkennen, da er vor ihm steht, und sich selbst zu sagen: dieser ist es, und diese Natur, von der damals die Rede war, hast du jetzt vor dir; bei ihr mußt du also diese Art von Reden anwenden, um sie zu dem und dem zu überreden – wenn er dies alles inne hat und dann noch zu rechter Zeit weiß, wann er zu reden und wann er einzuhalten hat, wenn er ferner zu unterscheiden weiß, wo die Kurzrede und wo die Sprache des Mitleids und der Steigerung und überhaupt alle Redearten, die er gelernt hat, am Platze sind und wo nicht, dann ist seine Kunst schön und vollkommen, eher aber nicht. Wer es dagegen an einem dieser Stücke fehlen läßt, beim Reden oder Lehren oder Schreiben, und doch behauptet, kunstgerecht zu reden, dem glaubt man besser nicht. Wie steht es nun, Phaidros und Sokrates, wird vielleicht der Verfasser der Redekunst sagen, seid ihr dieser Meinung? Oder scheint euch eine auf irgendeine andere Weise vorgetragene Anweisung zur Redekunst annehmbar zu sein?

*Phaidros:* Auf keinen Fall, Sokrates, eine andere; allerdings ist es eine durchaus nicht leichte Aufgabe.

*Sokrates:* Wohl wahr. Eben deshalb nun mußt du alles Gesagte noch einmal nach allen Seiten umwenden und nachsehen, ob sich vielleicht irgend ein leichterer oder kürzerer Weg zur Redekunst zeigt, damit man nicht umsonst einen langen und beschwerlichen einschlage, wenn doch ein kurzer und ebener offensteht. Hast du also etwas hierzu Dienliches von Lysias oder einem andern gehört, so versuch dich zu erinnern und es mitzuteilen.

*Phaidros:* Des Versuches halber möchte ich schon etwas haben, aber jetzt habe ich es nicht so bei der Hand.

*Sokrates:* Soll ich dir sagen, was ich von einigen, die sich damit beschäftigen, gehört habe?

*Phaidros:* Warum nicht?

*Sokrates:* Es heißt ja, Phaidros: »Gerecht sein und des Wolfes Angelegenheit vertreten.«

*Phaidros:* So tue es denn auch.

## 57

*Sokrates:* Sie sagen also, man dürfe das gar nicht so ernsthaft behandeln, noch auf großen Umwegen so weit her ableiten. Wie wir nämlich auch zu Anfang unserer Rede gesagt haben, brauche, wer ein tüchtiger Redner werden will, gar nicht richtig zu wissen, welche Handlungen gerecht und gut oder welche Menschen von Natur oder durch Erziehung so sind. Denn ganz und gar nicht kümmere man sich vor Gericht um die Wahrheit in diesen Dingen, sondern nur um das Glaubhafte. Dies aber sei das Scheinbare. Darauf also habe seine Aufmerksamkeit zu lenken, wer kunstgerecht reden wolle. Denn bisweilen dürfe er, in Anklage und Verteidigung, das wirklich Geschehene gar nicht einmal sagen, wenn es den Schein nicht für sich hat, sondern nur das Scheinbare; und auf jeden Fall müsse der Redner nur das Wahrscheinliche im Auge behalten und dem Wahren Lebewohl sagen; denn daß dies die ganze Rede durch beachtet werde, das mache die gesamte Kunst aus.

*Phaidros:* Gerade das, Sokrates, was du jetzt auseinandersetzt, behaupten jene, die sich für Sachverständige der Redekunst ausgeben. Ich erinnere mich wohl, daß wir vorhin auch dies berührt haben; denen aber, die sich damit beschäftigen, erscheint es als sehr wichtig.

*Sokrates:* Du bist ja wirklich im Teisias selbst tüchtig bewandert. So mag uns nun auch Teisias sagen, ob er mit dem Wahrscheinlichen etwas anderes bezeichnet als die Menge.

*Phaidros:* Was denn sonst?

*Sokrates:* Dies also hat er, wie es scheint, sehr weise und kunstreich ausgedacht, als er schrieb: Wenn ein Schwacher, der tapfer ist, einen Starken, der feige ist, niederwirft und ihm den Mantel oder sonst etwas nimmt und dann vor Gericht geführt wird, so darf keiner von beiden die Wahrheit sagen, sondern der Feige muß sich hüten zu gestehen, daß er von jenem Tapferen allein bezwungen wurde, dieser aber muß zwar beweisen, daß sie allein waren, dabei aber vorzüglich geltend machen: »Wie sollte ich, ein solcher, Hand an einen solchen legen können?« Der aber wird gewiß nicht seine Feigheit eingestehen, er wird auf eine neue Lüge sinnen und vielleicht seinem Gegner Gelegenheit geben, ihn irgendwie zu widerlegen. Derart ungefähr ist auch in andern Fällen, was kunstgerecht gesprochen wird. Nicht wahr, Phaidros?

*Phaidros:* Ganz gewiß.

*Sokrates:* Nun, eine wunderbar geheime Kunst hat, wie es scheint, dieser Teisias entdeckt oder ein anderer, wer es auch sein oder wonach er sich am liebsten nennen mag. Meinst du, mein Lieber, oder meinst du nicht, daß wir ihm sagen...

*Phaidros:* Was denn?

58

*Sokrates:* Schon lange, Teisias, eh du aufgetreten bist, haben wir gesagt, daß jene Meinung vom Wahrscheinlichen bei der Menge aus einer Ähnlichkeit mit dem Wahren entsteht. Die Ähnlichkeiten aber, haben wir eben gezeigt, wird am schönsten der zu finden wissen, der die Wahrheit erkannt hat. Wenn du also etwas anderes über die Kunst der Reden zu sagen hast, wollen wir es gerne anhören; wo nicht, so müssen wir dem glauben, was wir eben dargetan haben, daß nämlich niemals derjenige ein Kunstverständiger im Reden sein wird, soweit dies überhaupt einem Menschen möglich ist, der nicht fähig ist, der Zuhörer Naturen zu beurteilen, die Gegenstände nach ihren Arten zu unterscheiden und alles einzelne in einen Begriff zusammenzufassen. Diese Kenntnis wird er aber nur durch eifrige Bemühung erringen. Ihr soll sich der Besonnene unterziehen, nicht um unter Menschen zu reden und zu handeln, sondern, um imstande zu sein, den Göttern Wohlgefälliges zu reden und nach Kräften in allem ihren Willen zu tun. Denn nicht den Beifall seiner Mitsklaven, Teisias – so sagen die Weiseren unter uns –, müsse der Vernünftige erstreben, außer in Nebensächlichem, sondern den seiner edlen und von Edlen stammenden Gebieter. Darum wundere dich nicht, wenn der Umweg auch weit ist: Denn großer Dinge wegen muß man ihn machen, nicht so, wie du vermutest. Wenn dann einer, wie man sagt, nur will, so wird er auch die Redekunst am besten daraus lernen.

*Phaidros:* Ganz trefflich scheint mir das gesagt, Sokrates, wenn nur jemand imstande wäre, es zu leisten.

*Sokrates:* Wer aber nach dem Schönen strebt, dem ist es auch ein Schönes, zu erleiden, was ihm zu erleiden zukommt.

*Phaidros:* Jawohl.

*Sokrates:* Darüber nun, was Kunst und Kunstlosigkeit in Reden ist, mag dies genügen.

*Phaidros:* Vollkommen.

*Sokrates:* Nun aber bleibt uns noch die Frage nach der Angemessenheit und der Unangemessenheit der Schrift, wo sie am Platze ist und wo unangebracht. Nicht wahr?

*Phaidros:* Ja.

## 59

*Sokrates:* Weißt du nun, wie du mit Reden, in Wort und Tat, der Gottheit am wohlgefälligsten sein kannst?

*Phaidros:* Keineswegs, du aber?

*Sokrates:* Eine Sage der Alten wenigstens kann ich darüber erzählen, sie wissen ja das Wahre. Wenn wir selbst es finden könnten, würden wir uns dann noch irgendwie um menschliche Meinungen kümmern?

*Phaidros:* Eine lächerliche Frage! Aber erzähle, was du gehört haben willst.

*Sokrates:* Ich habe also dies gehört: Zu Naukratis in Ägypten lebte einer der alten einheimischen Götter, dem auch der Vogel heilig war, der Ibis heißt; der Dämon selbst aber hatte den Namen Theuth. Er erfand zuerst die Zahlen und die Rechenkunst, die Meßkunst und die Sternkunde, dann das Brett- und Würfelspiel und dann noch die Buchstaben. Als König über ganz Ägypten herrschte damals Thamos in der großen Stadt des oberen Landes; bei den Hellenen heißt sie das ägyptische Theben, der Gott aber Ammon. Zu dem also kam Theuth, wies ihm seine Künste und sagte, man müsse sie nun den andern Ägyptern mitteilen. Thamos aber fragte nach dem Nutzen jeder Kunst, und je nachdem er das, was Theuth darüber vorbrachte, für gut oder schlecht hielt, lobte oder tadelte er. Vieles nun soll Thamos dem Theuth für und gegen jede Kunst gesagt haben; es wäre zu weitläufig, darauf näher einzugehen. Als er aber auf die Buchstaben kam, da sagte Theuth: Diese Kunst, König, wird die Ägypter weiser machen, und sie wird ihr Gedächtnis stärken. Ich habe sie als Mittel für das Gedächtnis und für die Weisheit erfunden. Der König erwiderte: O du kunstreichster Theuth, der eine ist imstande eine Kunst zu erfinden, der andere kann beurteilen, wieviel Schaden und Vorteil sie denen bringt, die sie üben wollen. Du bist der Vater der Schrift, aber aus Liebe zu deinem Kinde schreibst du ihm das Gegenteil dessen zu, was es vermag. Die Schrift nämlich wird den Seelen der Lernenden Vergeßlichkeit einflößen, weil sie das Gedächtnis vernachlässigen werden; im Vertrauen auf die Schrift werden sich die Menschen nur noch äußerlich an fremden Zeichen, nicht aber aus sich selbst erinnern. Nicht für das Gedächtnis also, sondern nur für die Erinnerung hast du ein Mittel erfunden, und deinen Schülern bringst du nur den Schein der Weisheit bei, aber nicht die Wahrheit. Sie werden nun vieles ohne Unterricht erfahren und sich auch für Vielwisser halten und werden doch zum größten Teile unwissend und schwer zu behandeln sein; sie sind scheinweise geworden und nicht weise.

*Phaidros:* Wie leicht erdichtest du Märchen aus Ägypten, Sokrates, und was du sonst für welche willst.

*Sokrates:* Man sagt ja, mein Lieber, die ersten Weissagungen seien die einer Eiche im Heiligtum des Zeus von Dodone gewesen. Den Menschen damals also, die ja nicht so weise waren wie ihr Jüngeren, genügte es in ihrer Einfalt, auch der Eiche und dem Felsen zuzuhören, wenn sie nur Wahres redeten. Dir aber ist es wohl ein Unterschied, wer etwas sagt oder woher er stammt. Denn darauf siehst du nie, ob sich die Sache so verhält, ob anders.

*Phaidros:* Mit Recht hast du mich gescholten, und, wie mir scheint, verhält es sich mit den Buchstaben so, wie der Thebaner sagt.

60

*Sokrates:* Wer also glaubt, er könne eine Kunst in Buchstaben hinterlassen, und wieder, wer sie hinnimmt, in der Meinung, es werde aus den Buchstaben etwas deutlich und sicher werden, der möchte wohl großer Einfalt voll sein und in Wahrheit nichts von der Weissagung des Ammon wissen, indem er glaubt, geschriebene Reden seien mehr als bloße Gedächtnishilfe für einen, der schon weiß, was da geschrieben steht.

*Phaidros:* Sehr richtig.

*Sokrates:* Denn dieses Sonderbare, Phaidros, hat die Schrift, und darin gleicht sie der Malerei. Auch die Schöpfungen der Malerei stehen wie lebendig da; wenn du sie aber etwas fragst, so schweigen sie recht ehrwürdig. Ebenso die Schriften. Man könnte meinen, sie sprechen, als verständen sie etwas; fragst du sie aber lernbegierig nach etwas, das in ihnen steht, so sagen sie immer nur eines und dasselbe. Und wenn sie einmal geschrieben ist, so treibt sich jede Rede überall umher, in gleicher Weise bei denen, die sie verstehen, wie bei denen, für die sie nicht bestimmt ist, und sie weiß nicht, zu wem sie reden soll und zu wem nicht. Und wird sie vernachlässigt oder ungerecht verleumdet, so bedarf sie immer ihres Vaters als eines Helfers; denn sie selbst ist nicht imstande, sich zu wehren oder sich zu helfen.

*Phaidros:* Auch hierin hast du durchaus recht.

*Sokrates:* Wie aber weiter? Wollen wir nicht eine andere Rede ansehen, ihre Schwester, auf welche Weise sie entsteht und wieviel besser und kräftiger sie gedeiht als jene?

*Phaidros:* Welche meinst du und wie soll sie entstehen?

*Sokrates:* Die mit Einsicht geschrieben wird in die Seele des Lernenden und nicht nur imstande ist, sich selbst zu helfen, sondern auch zu reden und zu schweigen weiß, gegen wen es sein soll.

*Phaidros:* Du meinst die lebendige und beseelte Rede des Wissenden, von der man die geschriebene mit Recht als Abbild betrachten könnte.

61

*Sokrates:* Allerdings. Sag mir aber dies: Ein Landmann, der Verstand hat – wird er den Samen, den er besonders pflegen und von dem er Früchte haben möchte, recht eigens im heißen Sommer in Adonisgärtchen säen und sich freuen, wenn er sieht, wie er in acht Tagen schön aufgeschossen ist? Oder wird er dies nur um des heiteren Spieles und der Festfeier willen tun, sofern er es so macht, jenen Samen aber, mit dem er sich im Ernste müht, nach den Vorschriften der Kunst des Landbaus säen, wohin es sich gehört, und zufrieden sein, wenn im achten Monat, was er gesät, zur Reife kommt?

*Phaidros:* Sicher, Sokrates, das eine wird er im Ernst, das andere aber, wie du sagst, in anderer Absicht tun.

*Sokrates:* Wer aber vom Gerechten und vom Schönen und Guten Kenntnis hat – wollen wir sagen, daß er weniger verständig handeln wird als der Landmann mit seinem Samen?

*Phaidros:* Keineswegs.

*Sokrates:* Im Ernst also wird er nicht ins Wasser schreiben, indem er sie mit Tinte durch das Schreibrohr aussät, in Worten, die nicht imstande sind, zu reden und sich selbst zu helfen, und nicht imstande auch, das Wahre hinreichend zu lehren?

*Phaidros:* Wohl nicht, wie sich denken läßt.

*Sokrates:* Nein, sondern das Buchstabengärtchen wird er nur des heiteren Spieles wegen, wie es scheint, besäen und beschreiben. Wenn er aber schreibt, um für sich selbst einen Vorrat von Erinnerungen zu sammeln für das vergeßliche Alter, falls er es erreicht, und für jeden, der die gleiche Spur verfolgt, so wird er Freude haben, wenn er sie zart und schön gedeihen sieht; wenn aber andere andere Spiele treiben, wenn sie bei Gastmählern und anderem der Art sich laben, so wird er, statt dessen, mit dem Scherz, von dem ich rede, sich die Zeit vertreiben.

*Phaidros:* Einen edlen Zeitvertreib nennst du neben einem unbedeutenden, Sokrates: das Tun dessen, der in Reden zu spielen weiß und in mythischen Worten von der Gerechtigkeit redet und dem anderen, wovon du sprichst.

*Sokrates:* So ist es allerdings, lieber Phaidros. Viel schöner aber denke ich, ist der Ernst bei diesen Dingen, wenn einer nach den Vorschriften der Dialektik eine empfängliche Seele dazu auserwählt und mit Einsicht Reden sät und pflanzt, die imstande sind, sich selbst und dem, der sie gepflanzt hat, zu helfen; sie sind nicht unfruchtbar, sondern sie tragen einen Samen, aus dem andere Reden in anderen Gemütern keimen, die imstande sind, den Samen für immer unsterblich zu erhalten und den, er ihn besitzt, so glücklich zu machen, wie das bei einem Menschen möglich ist.

*Phaidros:* Allerdings, was du da sagst, ist noch bei weitem schöner.

## 62

*Sokrates:* Und jetzt, Phaidros, können wir auch jenes erst entscheiden, nachdem wir uns hierüber verständigt haben.

*Phaidros:* Was denn?

*Sokrates:* Was wir eigentlich betrachten wollten und wodurch wir auf diesen Gegenstand gekommen sind: ob wir eine Prüfung anstellen könnten, einmal, wie weit dem Lysias das Redenschreiben zum Schimpf gereiche, und sodann über die Reden selbst, welche mit Kunst und welche ohne Kunst geschrieben werden. Was nun kunstmäßig ist und was nicht, scheint mir schon ziemlich klar zu sein.

*Phaidros:* Es schien wirklich so; doch rufe mir's noch einmal ins Gedächtnis, wie es sich verhält.

*Sokrates:* Bevor nicht jemand die wahre Beschaffenheit eines jeden Dinges kennt, über das er redet oder schreibt, bevor er nicht imstande ist, es an sich vollständig zu erklären und danach wieder in seine Unterarten bis zum Unteilbaren zu teilen und ebenso, mit der Natur der Seele vertraut, die einer jeden angemessene Art der Rede aufzufinden weiß und sie danach setzt und anordnet, einer vielgestaltigen Seele also vielgestaltige und immer zusammenstimmende Reden gibt, einer einfachen aber einfache, eher wird er nicht imstande sein, die Gattung der Reden, soweit die Sache es erlaubt, kunstgemäß zu handhaben, weder, wo es zu belehren, noch, wo es zu überreden gilt, wie die ganze Rede bisher uns gezeigt hat.

*Phaidros:* So ungefähr hat sich dies allerdings herausgestellt.

## 63

*Sokrates:* Ob es nun aber schön sei oder schimpflich, Reden zu halten und zu schreiben, und in welchem Falle es mit Recht zum Schimpf gerechnet werden könnte oder nicht – ist nicht auch dies bereits aus dem Gesagten klar geworden?

*Phaidros:* Welches denn?

*Sokrates:* Daß dem Lysias oder irgendeinem anderen, wenn er jemals etwas geschrieben hat oder schreiben wird, in eigenen oder auch in öffentlichen Angelegenheiten, wenn er etwa Gesetze vorschlägt und also eine Staatsschrift verfaßt, in der Meinung, es sei große Zuverlässigkeit und Deutlichkeit darin zu finden – daß es in diesem Falle dem Schreibenden zum Schimpf gereicht, mag es ihm nun einer sagen oder nicht. Denn unwissend zu sein im Wachen und im Träumen über Gerechtes und Ungerechtes, Schlechtes und Gutes, das ist nun wirklich auf jeden Fall das Allerschimpflichste, auch wenn das ganze Volk es loben sollte.

*Phaidros:* Gewiß.

*Sokrates:* Wer aber weiß, daß in einer geschriebenen Rede über jeden Gegenstand notwendig vieles Spielerei sein muß und daß noch keine Rede geschrieben wurde, in Versen oder nicht in Versen, die ernsthafter Beachtung würdig wäre, daß vielmehr auch die besten unter ihnen nur der Erinnerung gedient haben für die schon Wissenden, daß aber in denen, die gelehrt und des

Lernens wegen gesprochen und in Wahrheit in die Seele hineingeschrieben werden, über das Gerechte und das Schöne und das Gute, und nur in diesen, etwas Einleuchtendes und Vollkommenes und ernsthafter Beachtung Würdiges enthalten sei, ferner, daß nur solche Reden es verdienten, gleichsam als echte Kinder genannt zu werden, und zwar zuerst, die in ihm selbst entstanden ist, wenn sie als seine Erfindung in ihm ist, sodann, die als Sprößlinge und Schwestern von dieser in den Seelen anderer in würdiger Gestalt erwachsen sind – die andern aber alle läßt er unbeachtet –, der mag dann wohl ein solcher Mann sein, Phaidros, wie du und ich zu werden wünschen.

*Phaidros:* Durchaus, ich wenigstens will und wünsche, was du sagst.

## 64

*Sokrates:* Und nun mag das Maß der Kurzweil voll sein, die wir mit den Reden getrieben haben. Geh nun und sag dem Lysias, daß wir beide zu der Quelle und dem Musensitz der Nymphen hinabgestiegen sind und daß die Reden, die wir gehört, uns eine Mitteilung aufgetragen haben für den Lysias und wer sonst Reden verfertigt, dann für den Homer und wer sonst Gedichte, einfache oder von Gesang begleitete, verfertigt hat, drittens für den Solon und wer sonst in Staatsreden unter dem Namen von Gesetzen Schriften aufgeschrieben hat: Wenn er dergleichen verfertigt hat und dabei weiß, wie es in Wahrheit steht, und, wenn es zum Beweise kommt, für das Geschriebene mit seinen Worten zeugen und alles, was er geschrieben, als dürftig erscheinen lassen kann – so soll er nicht von all dem seinen Beinamen erhalten, sondern von dem, worauf er seinen Ernst verwendet hat.

*Phaidros:* Was für Beinamen teilst du ihm denn zu?

*Sokrates:* Ihn weise zu nennen, Phaidros – das wäre zu viel, und es kommt nur der Gottheit zu; aber der Name eines Philosophen, eines Weisheitsfreundes, oder etwas dergleichen möchte ihm wohl anstehen und sich besser schicken.

*Phaidros:* Und er entspricht der Sache.

*Sokrates:* Und wer also nichts besseres hat, als was er nach langem Hin- und Herwenden, Aneinanderfügen und Ausstreichen verfertigt oder geschrieben, den wirst du mit Recht einen Dichter oder Redenschreiber oder Gesetzesverfasser nennen?

*Phaidros:* Wie sonst?

*Sokrates:* Dies also sage deinem Freunde.

*Phaidros:* Aber – wie willst du es halten? Wir dürfen doch auch deinen Freund nicht übergehen.

*Sokrates:* Wen denn?

*Phaidros:* Isokrates den Schönen. Was wirst du dem berichten, Sokrates? Welchen Namen soll er haben?

*Sokrates:* Jung noch, Phaidros, ist Isokrates; was mir aber von ihm ahndet, das will ich sagen.

*Phaidros:* Was also?

*Sokrates:* Er scheint mir zu begabt für Reden nach der Art des Lysias und auch von edlerer Gemütsart; man dürfte sich nicht wundern, wenn er in reiferem Alter einmal in den Reden, mit denen er sich jetzt beschäftigt, alle, die sich je mit Reden abgegeben haben, weiter noch als Kinder hinter sich zurückließe und wenn ihm schließlich dies nicht mehr genügte und ein göttlicher Antrieb ihn zu etwas Höherem hinführte. Denn von Natur, Phaidros, liegt etwas Philosophisches in der Seele dieses Mannes. Dies also will ich im Namen der Götter hier dem Isokrates als meinem Liebling verkünden; du aber verkünde jenes dem deinigen, dem Lysias.

*Phaidros:* Das soll geschehen. Nun aber laß uns gehen, da auch die Hitze milder geworden ist.

*Sokrates:* Ziemt es sich nicht, erst zu den Göttern hier zu beten und dann zu gehen?

*Phaidros:* Sicherlich.

*Sokrates:* Lieber Pan und all ihr anderen Götter hier, verleiht mir, schön zu sein im Innern und daß alles, was ich von außen habe, meinem Innern befreundet sei! Für reich möge ich den Weisen achten, des Goldes Fülle aber möge mir in solchem Maß zuteil werden, daß es kein anderer tragen und mit sich führen könnte als der Weise. Bedürfen wir noch weiter etwas, Phaidros? Für mich hat das Gebet das rechte Maß.

*Phaidros:* Auch für mich bete darum; denn den Freunden ist alles gemeinsam.

*Sokrates:* Gehen wir.

Phaidros, der einzige Gesprächspartner des Sokrates in diesem Dialog, Sohn des Pythokles aus dem Demos Myrrhinus, ist nur durch Platon bekannt. Im »Protagoras« erscheint er im Gefolge des Hippias, im »Gastmahl«, wo er die rhetorische Lobrede auf Eros hält, bereits als Anhänger und Bewunderer des Lysias. Diogenes Laertius (III, 29, 31) nennt ihn als Freund Platons.

S. 11. *Lysias* (445–378 v. Chr.), berühmter attischer Redner, studierte Rhetorik bei Teisias, übernahm dann aber die Schildfabrik seines Vaters. Seit 403 lebte er als Rechtsanwalt in Athen. Im Altertum kannte man 233 Reden von ihm. 34 sind erhalten, die wichtigste die Rede gegen Eratosthenes, einen der 30 Tyrannen. – *Akumenos*, berühmter Arzt, ebenso sein in Kapitel 50 erwähnter Sohn Eryximachos, dem Platon die medizinische Rede im »Gastmahl« in den Mund legt. – *Morychos*, Dramatiker, den die Komödiendichter als Schlemmer verspotten. Sein Haus stand in der Nähe des Olympion, des Tempels des olympischen Zeus, im Südwesten der Stadt nahe an der Mauer. Lysias wohnte im Peiraios, der Hafenstadt Athens. – *Pindar*, 1. Isthm. Ode 2/3.

S. 12. *Megara*, Stadt am korinthischen Isthmos, 40 km von Athen entfernt. – *Herodikos* aus Megara, angeblich Lehrer des Hippokrates, berühmter Arzt, der in seiner Lehre Gymnastik und Medizin miteinander verband, von Platon auch im 3. Buch des »Staats« rühmend erwähnt.

S. 13. *Ilissos* (jetzt Ilisso), attisches Flüßchen, das auf dem Hymettos entspringt.

S. 14. *Boreas:* Der Mythos von der Entführung der Oreithyia, der am Ilissos spielenden Tochter des attischen Königs Erechtheus, durch Boreas wurde von Aischylos und Sophokles in Tragödien behandelt. – *Agra*: Beiname der Artemis. – *Pharmakeia:* die Nymphe eines Heilquells. – *Chimaira:* Fabelgestalt, Mischform aus Löwe, Ziege und Schlange (Ilias 6, 180). – *Gorgonen:* Bei Homer gibt es nur eine Gorgo, in späteren Mythen drei Schwestern, schlangengegürtete Ungeheuer. Dem Blut der Gorgo Medusa, die von Perseus enthauptet wurde, entsprang das Flügelroß *Pegasus.*

S. 15. *Typhon:* hundertköpfiger feuerspeiender Drache, mit dreifachem Leib und Schlangenfüßen. – *Acheloos:* Flußgott, bekannt durch seinen Kampf mit Herakles um Deianeira.

S. 22. Die neun *Archonten* mußten, wenn sie des Verfassungsbruchs überführt wurden, ihre Bildsäulen (aus Gold) in Delphi aufstellen.

S. 23. *Kypseliden:* die Söhne des Kypselos, des Tyrannen von Korinth, die nach ihrer Vertreibung aus der Stadt dem olympischen Zeus für den Fall ihrer Rückkehr ein goldenes Standbild gelobten.

S. 25. Der Wortstamm des Namens der *Ligyer*, die so gesangliebend gewesen sein sollen, daß selbst in der Schlacht die eine Hälfte der Männer nicht kämpfte, sondern sang, ist gleichlautend mit dem Worte λιγύς, helltönend.

S. 32. *Simmias* aus Theben, Anhänger des Sokrates, der selbst 23 Dialoge geschrieben haben soll, tritt auch im »Phaidon« auf.

S. 33. *Ibykos:* fahrender Sänger, Dichter dorischer Chorlieder, meist auf schöne Knaben, lebte gegen Ende des 6. Jahrhunderts in Sizilien, auf Samos und im griechischen Unteritalien. – *Stesichoros,* Lyriker aus Himera in Sizilien (640–555 v. Chr.), Schöpfer der älteren Heroenballade mit Lyrabegleitung und volksliedhafter Epen, Verfasser einer »Helena« und einer »Orestie«.

S. 35. *Dodone:* altes, berühmtes Eichenorakel des Zeus; der Gewittergott kündet durch das Rauschen seines vom Blitz so gern berührten Baumes seinen Willen (Vgl. S. 75.)

S. 37. *Denn jeder Körper, dem die Bewegung nur von außen kommt, heißt unbeseelt, der aber, dem sie von innen, aus sich selbst zuteil wird, beseelt*: Schon bei dem Arzt Alkmaion von Kroton, einem Schüler des Pythagoras, wird die Unsterblichkeit der Seele aus ihrer ewigen Bewegung gefolgert und die ewige Bewegung gesehen als gleichartig mit der Bewegung der Gestirne. Der Beweis Platons bringt gegenüber den Unsterblichkeitsbeweisen des »Phaidon« und des »Staates« etwas Neues; er zeigt enge Berührung mit der Lehre von der Seele als dem Prinzip der Bewegung, die später in den »Gesetzen« ausführlich dargestellt ist. »... liest sich doch die Bewegungslehre der Gesetze wie ein Kommentar zum Phaidros« (Stenzel). Daß die Seele das »sich selbst Bewegende« sei, wird im »Phaidros« und in den »Gesetzen« in derselben Weise bewiesen. Den (vielleicht auch von Alkmaion stammenden) Gedanken, daß ein Aufhören der Selbstbewegung des Unentstandenen den Himmel zum Stillstand bringen würde, hat Aristoteles später als Beweis für die Vorstellung von der Ewigkeit der Welt übernommen. Diese enge Berührung rückt den »Phaidros« zwingend in die Spätzeit Platons.

S. 39. *Hestia:* die Göttin des häuslichen Herdes. Daß sie zu Hause bleibt, scheint der mythische Ausdruck dafür zu sein, daß der Mittelpunkt der sich bewegenden Weltkugel in Ruhe verharrt. – Das griechische Zwölfgötter-System umfaßte, wenn Zeus nicht mitgezählt wird, folgende Götter: Poseidon, Pluto, Hephaistos, Apollon, Ares, Hermes, Hera, Artemis, Pallas, Aphrodite, Demeter, Hestia. Wird Zeus mitgezählt, so fällt Pluto aus. Die Ursprünge des Systems sind noch nicht genügend geklärt. Daß aber im Götterzug des »Phaidros« die athenischen Zwölfgötter gemeint sind, ist sicher, auch ihre Beziehung zu den Monaten: Platon läßt in den »Gesetzen« jedem von ihnen einen Monat heilig sein, die Verbindung mit dem Tierkreis liegt damit nahe.

S. 41. *Adrasteia:* eine Homer und Hesiod noch fremde Gestalt, Göttin der Notwendigkeit und des Maßes und Rächerin des Frevels, in Athen der Nemesis von Rhamnus gleichgesetzt; sie spielt hier eine ähnliche Rolle wie Lachesis, die Tochter der Ananke, im »Staat«. – Die *neun* Ordnungen der Seele entstammen der pythagoreischen Seelenwanderungslehre, ihre Rangfolge aber ist echt platonisch.

S. 45. *die Teile, die von ihr ausströmen und sich losreißen und eben deshalb Reize heißen:* das Wort ἵμερος, Liebreiz, wird hier etymologisch aus ἵεμαι, herankommen, μέρος, Teilchen, und ῥεῖν, ausströmen, gedeutet.

S. 51. Die sog. ägyptische Augenentzündung wurde außer von Platon auch von Herodot und selbst von Hippokrates, später auch von Galenus für ansteckend gehalten.

S. 53. *Polemarchos:* älterer Bruder des Lysias, der i. J. 404 v. Chr. von den Dreißig gezwungen wurde, den Schierlingsbecher zu trinken.

S. 54. *daß der süße Arm des Nils vom herben seinen Namen hat:* eine verschieden gelesene und erklärte Stelle. Die annehmbarste Deutung: daß die Alten einen gefährlichen Arm des Nils, den bitteren, den süßen genannt haben, nach ihrer Gewohnheit, das Schreckliche euphemistisch zu bezeichnen. So darf man auch, meint Sokrates, die Scheu der Staatsmänner vor dem Redenschreiben nicht als bare Münze nehmen.

S. 59. *Palamedes:* homerischer Heros, von Odysseus ungerechterweise des Verrats angeklagt und vom Heer vor Troja gesteinigt. Jeder der drei großen Tragiker schrieb einen »Palamedes«, die Stücke sind aber verlorengegangen. – *Gorgias* aus Leontini in Sizilien (480–375 v. Chr.), Schüler des Rhetors Teisias, kam 427 v. Chr. als Gesandter nach Athen; dort, in Delphi und in Olympia schrieb er berühmte Prunkreden und brachte damit die sizilische Rhetorik nach Griechenland. Sein berühmtester Schüler war Isokrates. – *Thrasymachos* aus Chalkedon in Bithynien, Verfasser einer »Kunst der Rede«, kam um 430 v. Chr. nach Athen und lebte hier als Sophist und Rhetor. – *Theodoros* aus Byzanz, Lehrer der Redekunst, auch von Cicero erwähnt.

S. 60. *der eleatische Palamedes:* Zenon aus Elea in Unteritalien, Schüler des Parmenides. – *»Klar wird's also den Suchenden, glaub ich«:* Teil eines Hexameters, vielleicht einem philosophischen Lehrgedicht entlehnt.

S. 67. *»wie eines Unsterblichen Spur«:* Auch diese Worte sind Teilstück eines Hexameters; ähnlich Odyssee 5, 193 und 7, 38.

S. 68. *Euenos* aus Paros, Dichter und Sophist, der den Sokrates in der Poesie unterrichtet haben soll. Platon erwähnt ihn auch im »Phaidon« und in der »Apologie«. – *Teisias* aus Syrakus (um 430 v. Chr.), neben seinem Lehrer Korax fast stets als Erfinder der Rhetorik erwähnt, Verfasser eines Lehrbuchs der Redekunst, Lehrer des Lysias, Gorgias und Isokrates. – *Prodikos* aus Keos, Lehrer der Beredsamkeit, den auch Sokrates hörte; Verfasser einer Dichtung »Die Lebensalter«, in der die Erzählung von Herakles am Scheideweg stand. – *Hippias* aus Elis, Polyhistor, Wanderredner und Dichter; Platon hat zwei seiner Dialoge nach ihm benannt, die man als »Großen Hippias« und als »Kleinen Hippias« scheidet. Im »Großen« verspottet er die Aufgeblasenheit des Hippias. – *Polos* aus Agrigent (geb. um 440 v. Chr.), Sophist, Schüler des Gorgias, Verfasser eines Lehrbuchs der Rhetorik. – *Likymnios:* Schüler des Gorgias und Lehrer des Polos; er drang besonders auf die Einteilung der Worte nach dem Wohlklang. – *Protagoras* aus Abdera (480–410 v. Chr.), der erste eigentliche Sophist. Mehrfacher Aufenthalt in Athen, Freundschaft mit Perikles, Anklage wegen Gottlosigkeit, Tod durch Schiffbruch auf der Flucht nach Sizilien.

S. 69. *des Chalkedoniers:* Thrasymachos.

S. 71. *Adrastos:* Wie Fr. Ast gezeigt hat, ist damit Antiphon von Rhamnus gemeint, der Begründer der politischen Beredsamkeit in Athen. Er suchte bei den Athenern Schutz und Hilfe, wie einst Adrastos (König von Argos, einer der Sieben gegen Theben) bei Theseus.

S. 72. *»jenes müßigen und überschwenglichen Geredes über die Natur«:* »Gewiß Wiederholung rhetorischen Schimpfes auf die Philosophie« (Schleiermacher). – *Anaxagoras* aus Klazomenai (500–428 v. Chr.), Philosoph, Verfasser eines Werkes »Über die Natur«, lebte etwa 480–431 in Athen, befreundet mit Perikles. Zur Erklärung der Vielheit der Erscheinungen nahm er eine unendliche Vielheit ungewordener, unvergänglicher und unveränderlicher Grundkörperchen an. Voneinander verschieden und den durch sie gebildeten Körpern gleichartig, wurden sie im Anfang durch den Verstand in Bewegung gesetzt. Durch diese Bewegung und durch die Scheidung des Ungleichartigen und die Verbindung des Gleichartigen entstand die Welt.

S. 73. *dem Asklepiaden Hippokrates:* der Arzt Hippokrates von Kos (460 bis ca. 356 v. Chr.), der Begründer der Medizin als Wissenschaft, Jünger des Asklepios, des Gottes der Heilkunde. Die Stelle, die Platon vor Augen hatte, ist noch nicht gefunden worden.

S. 79. Der *Theuth*-Mythos, auch im »Philebos« erwähnt, ist Platons Erfindung, aber die Verlegung des Schauplatzes nach Ägypten, dem Lande, wo das Rechnen, die Geometrie, die Astronomie und Schrift erfunden wurden, zeugt von der hohen Wertschätzung Ägyptens als der Stätte uralter Weisheit, die auch Herodots 2. Buch erkennen läßt.

S. 80. Die letzten Aufschlüsse können nicht schriftlich mitgeteilt werden – das sagt auch der »Philebos« und vor allem der 7. Brief Platons.

S. 82. *Adonisgärtchen:* Körbchen und Scherben, in denen zum Fest des Adonis, des Lieblings der Aphrodite, schnellwachsende Kräuter und Blumen gezogen wurden.

S. 86. *Isokrates* (436–338 v. Chr.), berühmter attischer Redner, Begründer einer eigenen rhetorischen Technik. Von erhaltenen 21 Reden sind die Gerichtsreden die ältesten; den größten Beifall fand er mit den Schulreden. Zu der Zeit, in die Platon den »Phaidros« verlegt (um 408 v. Chr.), war er etwa 28 Jahre alt. – Das oft mißverstandene Schlußgebet: Sokrates erbittet sich seelisches Gold, aber so viel, wie nur ein seelisch starker Mann tragen kann.

Platon

# Das Gastmahl
oder
# Von der Liebe

Übertragen und erläutert von Arthur Hübscher.
87 Seiten. Serie Piper 672

»Das Gastmahl«, das als Platons Meisterwerk gilt, umkreist die Frage: Was ist das Wesen der Liebe? In sieben Lobreden auf Eros, den Gott der Liebe, wetteifern die Gäste im philosophischen Gespräch um die beste Antwort. Höhepunkt von Platons Erörterungen der vielseitigen Auffassungen der Liebe ist die glanzvolle Rede des Sokrates, der in der liebevollen Schau des wahrhaft Schönen den Stufenweg zur Vollendung des Lebens aufzeigt. Das Gastmahl ist die literarisch brillanteste Einführung in Platons Ideenlehre.
Die Übertragung von Arthur Hübscher versucht, herkömmliche Schwierigkeiten des Textverstehens durch klare sprachliche Formulierungen zu vermeiden.

Platon

# Phaidon
oder
# Über die Unsterblichkeit der Seele

Übertragen und erläutert von Arthur Hübscher.
112 Seiten. Serie Piper 805

»Phaidon«, einer der bewundertsten Dialoge Platons, schildert den Todestag des Sokrates. Im Zentrum steht die Frage nach dem Verhältnis des wahren Philosophen zum Sterben. Nur im Tod kann sich die reine Seele endgültig aus dem Gefängnis des Körpers befreien. Um seine Freunde zu überzeugen, führt Sokrates mit Hilfe der Ideenlehre mehrere Beweise von der Unsterblichkeit der Seele vor. Die Psyche hat schon vor der Geburt des Menschen existiert und wird auch nach seinem Tod weiterleben.
Dem Dialog »Phaidon« kommt für die Begründung von Platons Ideenlehre entscheidende Bedeutung zu.